상위 0.01% 연세대 의대
합격자가 전하는

수능 성공
7단계 법칙

상위 0.01% 연세대 의대 합격자가 전하는

수능 성공 7단계 법칙

● 김성진 지음 ●

시크릿하우스

수험생 모두가 수능 대박을 꿈꾼다.

하지만…

5퍼센트의 수험생만이 수능에서 자유를 누린다.

1	①	②	③	●	⑤
2	①	②	③	●	⑤
3	①	②	③	●	⑤
4	①	②	③	●	⑤
5	①	②	③	④	●
6	①	②	③	●	⑤
7	①	②	③	●	⑤

수능 첫 교시 국어 시험에서

OMR 카드를 믿을 수가 없다.

당신은 스스로 믿고 자유를 누릴 수 있겠는가?

* 이 OMR 정답표는 실제 2017학년도 수능
1교시 국어(짝수형) 시험지였다.

본격적인 내용에 앞서, 다음 글을 읽으며 함께 상상해 보자.

수능 날, 아침 6시에 일어나자마자 샤워하고, 어머니께 부탁한 속 편한 밥을 평소대로 먹는다. 그리고 "나는 할 수 있고, 내가 해왔던 것들을 믿고, 나는 또 해낼 것이다"라고 말하며 1분간 명상한다. 수험장에 가기 전, 그동안 만들었던 과목별 실수 노트를 챙기고 고사장으로 출발한다. (중략)

고사장을 확인해 보니 3층 끝에서 2번째 교실이다. 가는 길에 화장실은 어디 있는지, 식수대는 어디 있는지 확인해 본다. 교실에 들어가서는 2번째 줄 3번째 자리에 앉은 후, 창가로부터의 위치, 히터 방향을 확인한다. 책상과 의자는 흔들리지는 않은지 다른 이상은 없는지 체크한다. 준비되면 국어 실수 노트를 읽기 시작하고 8시가 되면 준비한 아이스 아메리카노 한 캔을 한 번에 마시고 국어 시험을 볼 준비를 끝마친다. (중략)

이제 체크 포인트 1지점을 확인하고 현재 속도는 괜찮은지 파악한다. 갑자기 옆 수험생이 다리를 심하게 떨기 시작한다. 미리 생각한 대로 나는 고개를 숙여 내 시야에 시험지만 들어오게 만들고, 나만의 흐름이 끊기지 않게 하여 계속 문제를 풀어간다. (중략)

갑자기 사물함에서 핸드폰 알람 소리가 울린다. 다들 당황하고 있을 때 나는 미리 준비해 두었던 귀마개를 빠르게 꺼내고 감독관에게 이상 없음을 확인받은 뒤, 시험에 최대한 집중한다. 언제든 핸드폰 알람 소리가 울릴 수 있다고 그동안 이미지 트레이닝을 했기 때문에 '적중했다'라고 생각하고 다른 학생들보다 빠르게 안정감을 찾고 내 흐름대로 문제 풀이를 다시 이어간다. (중략)

시험종료 종소리가 울렸다. 시험지와 OMR 카드를 감독관이 회수해 간다. 쉬는 시간에 큰 소리로 답을 맞추는 수험생이 있을 수도 있으니 바로 귀마개를 끼고 다음 시험인 수학 영역을 대비해서 수학 실수 노트를 5분간 읽고, 간단히 물 한 모금 마신 뒤 화장실을 다녀온다.

이 내용은 내가 수능 첫 교시인 국어 영역을 대비해 주 1회 이상 훈련했던 이미지 트레이닝의 일부다. 이미지 트레이닝은 수험생들 사이에서 널리 알려진 훈련법이지만, 이 훈련법이 왜 중요한지 알려주는 사람은 드물다. 위와 같은 상황처럼 어느 정도의 디테일까지 예상하며 상상해야 하는지, 구체적으로 어떤 장면을 떠올려야 하는지 알려준 사람을 본 적 있는가? 많은 사람들이 이미지 트레이닝의 중요성을 말하지만, 실제로 이를 수험생 각자가 어떻게 자신에게 적용해야 하는지, 그 적용이 수능 성패에 얼마나 큰 영향을 미치는지까지 가르쳐 주는 사람은 거의 없다. 그뿐만 아니라, 수능 대박을 위해서는 실수 노트, 마인드 컨트롤 등 공부 외적인 요소들을 철저히 준비해야 한다. 그러나 이 부분에 대해 체계적으로 알려주는 멘토를 찾기란 쉽지 않다.

하지만 이 책을 접한 순간 더 걱정할 필요가 없다. 내가 스스로 터득한 스킬을 전수해서 당신의 진정한 수능 인플루언서가 되어줄 것이다. 수능 고득점, 의치한, SKY를 목표로 하는 수험생들에게 '수험기간 동안 가장 도움을 많이 받은 필독서'가 되기를 바라며 성적 향상 및 고득점의 비결을 본서에 담았다.

✓ 이제 본격적인 내용으로 들어가 보자

학생   선생님은 어떻게 한 과목도 아니고 전 과목을 그렇게 잘하세요?
수능에서 어떻게 실수 하나 안 하고 100점을 맞아요?
상위 0.01% 안에 들어가면 원하는 대학 다 갈 수 있어요?
지금 시작해도 수능 성적이 오를까요?

김성진   한 문장만 기억하면 돼.

학생   한 문장이요?

김성진   단 한 문장. '자기 자신을 믿는 만큼 그게 수능 점수다.'

수많은 상담과 과외를 하면서 학생들에게 들었던 질문들이
다. 수능에서 성공하기 위해서는 어떻게 공부해야 할까? 다음
내용 중 스스로 생각해 보고, 맞다고 생각하는 보기에 체크해
보자.

- 열심히 공부하면 수능을 잘 볼 수 있다. (예 / 아니오)
- 서울에서 학원을 다녀야만 성공할 수 있다. (예 / 아니오)
- 어려운 사설 문제를 기반으로 공부해야 성공할 수 있다.
  (예 / 아니오)
- 조기 교육이 수능을 잘 보게 하는 필수 요인이다. (예 / 아니오)
- 뛰어난 선생님, 좋은 문제가 수능 성공의 핵심이다. (예 / 아니오)

수능 성공 7단계 법칙

'100퍼센트 맞다 또는 아니다'라고 확정할 수는 없지만, 개인적으로는 모두 '아니오'라고 생각한다. 위의 내용은 모두 외부적 요인에 가깝기 때문이다. 외부적 요인도 중요하지만, 무엇보다도 내부적 요인, 즉 '나 자신'에게 집중하고 수능 시험을 바라보는 시각을 변화시키는 것이 수능 성공의 핵심이다.

벌써 약 6년이 지나 모르는 수험생들도 있겠지만, 전국을 뒤흔들었던 드라마 〈스카이 캐슬〉이 인기였던 걸 기억하는가? 좋은 수능 성적을 받기 위해서는 훌륭한 선생님, 재력이 있어야 한다는 메시지에 시청자들이 분노했고, 동시에 공감했기 때문에 더 성공할 수 있었던 드라마다. 이 드라마에 나오는 시험 성공의 핵심을 파고들어 보면, 수험생에게는 공부하는 방법과 멘탈 관리가 그 무엇보다 중요하다는 사실을 눈치챘을 것이다.

✔ 지금 당신의 수능 성적을 바꾸고 싶은가?

수능 성적을 바꾸고 싶은가? 그렇다면 지금 당장 옆에 볼펜과 공책을 준비한 채로 이 책을 읽어라. 책의 곳곳에서 스스로 생각해 볼 질문들을 제시할 것이고, 꼭 자신만의 답안을 적어보길 바란다. 아마 대부분의 수험생은 작성하지 않을 것으로 생각한다. 하지만, 성공이 예정된 수험생들은 이미 쓸 준비가 되어있을 것이다. 이러한 태도부터 이미 격차가 벌어지기 시작한 것이다. 뒤처진다는 생각에 기분이 나쁘다고? 그러기엔 전혀 늦지 않았다! 당장 펜과 공책을 준비하자.

✓ 시험장에서만 성적이 좋지 않다면, 그 이유는 무엇일까?

나는 첫 과외 OT 때 다음과 같이 상담했다.

학생(고3) 수능 대박 나고 싶은데 어떻게 해야 할까요?

학부모 우리 아이는 머리는 좋은데 공부하는 방법을 모르는 것 같아요.
초등학교 6학년 때 전교 1등도 했는걸요.

학생·학부모 집에서 풀면 시험 점수가 좋은데,
시험장에서만 풀면 점수가 좋지 않아요.

위 질문들의 본질적인 문제는 '시험 보는 방법을 모르는 것'이라고 생각한다. 정말 안타까운 일이다. 수많은 수험생이 잠을 줄여가며 열심히 공부한다. 밥 먹는 시간이 아깝다며 밥 대신 초콜릿으로 배를 채우고 시간을 아껴가며 공부하

는 모습도 종종 볼 수 있다. 이렇게 열심히 공부하지만, 절대적인 학습 시간에 비례해 시험 점수가 나오지 않는 경우가 많다. 이는 대부분 효율적인 공부 방법을 모르고, 시험을 잘 보기 위해 어떤 점에 신경 써야 하는지 모르기 때문이다.

✓ 똑같은 시간을 공부해도 도대체 누가 시험을 잘 보는 걸까?

결론부터 말하면, 특정 마인드셋을 포함해 공부 외적인 요소들을 갖춘 수험생들이 시험을 잘 본다. 모든 수험생이 똑같이 노력한다고 해도, 모두가 똑같은 점수를 받는 것이 아니다. 1등이 있다면 꼴등도 항상 있다. 왜 같은 시간을 공부해도 이렇게 점수 차이가 나타나는 것일까? 더 많이 공부한다면 1등을 할 수 있을까?

단순히 공부 시간을 늘려서 성적을 끌어올리는 것에는 한계가 있다. 공부 시간을 늘리다가 오히려 컨디션 관리가 되지 않아 성적이 떨어질 가능성만 더 커진다. 공부 시간을 늘릴 필요가 없다는 것이 아니라, 좋은 컨디션을 유지하는 선에서 최대한 공부해야 한다는 뜻이다. 하지만, 수능 만점자들의 인터뷰를 보면 한 가지 분명한 공통점이 있다. 바로 이들은 공부하는 방법을 알고 있다는 점이다. 꾸준한 노력 외에도, 좋은 점수를 받을 수밖에 없는 공부 습관과 마인드셋을 가지고 있다는 것이 이들의 공통점이다.

√ 나도 수능 대박을 이룰 수 있을까?

수능 대박을 무엇이라고 생각하는가? 대부분은 '공부한 시간에 비해서 수능에서 좋은 성적을 받거나, 찍은 문항들이 다 맞아 더 좋은 점수를 받게 된 것'이라고 생각할 것이다. 하지만 나는 이런 경우를 '수능 대박'이 아니라 '수능 도박'이라고 말한다. 초인적인 운이 따라야 하는 일이라고 생각하기 때문이다.

내가 생각하는 진정한 '수능 대박'이란, 평소의 실력을 수능 날에도 그대로 발휘하는 것이다. 수험생의 대부분은 수능 장에서 평소의 실력을 제대로 발휘하지 못하고, 평소 자기 점수에도 미치지 못한다. 실제로 재수학원에 다니는 수험생의 무려 90~95%가 그런 경험을 했다고 한다. 다시 말하지만, 찍어서 맞춰 점수가 올라가는 것은 '수능 대박'이 아니라 '수능 도박'이다. 수능 도박은 하늘의 뜻에 맡겨야 하지만, 우리가 진정으로 목표해야 할 것은 운에 의존하지 않는 '수능 대박'이어야 한다.

✅ 수능이 가져다준 인생의 전환점

인생의 전환점은 언제, 어떻게, 어떤 상황에서 찾아올지 모른다. 고3이었던 2015학년도 수능, 19살의 나에게는 실패의 전환점이었다. 하지만 삼수생이었던 2017학년도 수능은 21살의 나에게는 성공의 전환점으로 찾아왔다. 나는 고등학교 1학년부터 3학년 때까지 수능 대박을 꿈꿨다. 당시에는 깨닫지 못했지만, 사실상 '수능 도박'을 꿈꾼 것이나 다름없었다. 시험 성적이 좋지 않아도 '앞으로 노력하면 수능 성적은 좋을 거야, 내가 원하는 대학에 갈 거야'라고 생각했다. 그러나 공부하는 방법을 몰랐고, 수능에 필요한 마인드셋을 갖추지 못했기에 19살의 나는 '망한 수험생'이었다. 반면, 21살의 나는 '수능 대박 수험생'이 되었다. 실패를 경험한 후에야 비로소 성공하는 수능 7단계 법칙을 깨닫게 되었고, 그 결과 수능 상위 0.01% 성적으로 연세대학교 의과대학에 입학할 수 있었다.

✅ 나의 4가지 목표

사실, 성적을 공개하면서까지 이 책을 집필해야 할지 수십

번 고민했다. 고등학교 3학년 때 수능 시험을 보고 집으로 돌아가는 길이 너무나 쓸쓸하고 외로웠다. 교문에서 기다리는 엄마와 함께 차를 타고 가며 행복해 보이는 수험생, 표정이 좋지 않은 수험생, 우는 수험생 다양한 얼굴들이 보였던 것이 생생하게 기억난다. 이 기억을 시작으로, 수능 날 그때의 나처럼 힘들어하는 수험생이 없었으면 하는 마음에, 많은 수험생에게 도움이 될 수 있는 책을 집필하기로 결심했다. 책의 주제에 대해 고민하였고, 수험생을 위한 책을 찾아보기 위해 서점에 가보았지만, 초등학생과 중학생을 위한 필독 도서들은 있어도, 수험생을 위한 필독 도서는 찾을 수가 없었다. 특히나 과목별 공부 방법과 문제집은 많지만, '수능 공부 마인드'와 '수능 전략'을 알려주는 책은 없었다.

따라서 수능 고득점, 의치한, SKY 등 좋은 대학을 목표로 하는 학생들에게 진심으로 실질적인 도움이 되었으면 하며, 수능 노하우를 알려주는 책을 집필하게 되었다. 나의 4가지 목표는 다음과 같다.

1. 수험생에게 7단계 성공 법칙을 알려주고,
   이 법칙이 수능 공부의 정석으로 자리 잡는 것

2. 수능에서의 실패로 N수생이 되는 것을 방지하고,

목표 대학과 학과에 진학하는 것

3. 수험생에게 '인생의 전환점'이 되는 의미 있는 책이 되는 것

4. 수험생들에게 '수능 대박'을 선물하는 것

참고로, 이 책 곳곳에 필기할 수 있는 공간을 마련해 두었다. 이 책을 공책처럼 활용하여 반드시 자기 생각을 적어보길 바란다. 여러분이 망설이는 동안 상위권 학생들은 이미 행동하고 있을 것이다. 반드시 솔직하게 자기 생각을 적어보길 바란다.

세계적으로 성공한 사람들은 "이렇게 성공 비법을 쉽게 공개해도 되나요?"라는 질문에 하나같이 이렇게 대답한다.

"비법을 공개해도 상관없다. 99%는 알려줘도 실천하지 않기 때문이다. 그래서 1%만이 성공할 수 있다."

이 책은 '읽기 위한' 책이 아니라 '쓰기 위한' 책이 되었으면 한다. 이 책은 자기 생각을 글로 옮기도록 반복해서 요구할 것이다. 하지만 실제로 실천하는 수험생은 1%에 불과할 것이고, 그 1%의 수험생은 성공하는 수험생이 될 것이라고 확신한다.

마지막으로 내가 좋아하는 어록이 있다.

"자기 자신을 믿는 만큼 그게 수능 점수다."

나의 친형이 해준 말로, 형 역시 수능에서 큰 성공을 거두었다(2011학년도 수능 상위 0.1% 추정, 현재 치과의사다). 이 책을 끝까지 읽으면 이 말의 의미를 명확하게 이해할 수 있을 것이다. 특히 이 책을 읽으면서, '자신을 얼마만큼 믿을 수 있을지'를 생각해 보는 기회가 되었으면 한다. 자기 자신에 대한 믿음은 단지 노력으로만 얻을 수 없으며, 철저한 대비 속에서 견고하게 다져가는 것이다. 이 말을 떠올리며, 나는 자신을 정확하게 보고 판단하는 연습을 할 수 있었고, 7단계 법칙을 구체화하였다. 이 단계들을 체화한다면 당신도 수능 날 성공을 이룰 수 있을 것이다.

이 책을 통해 당신의 수능 성적이 변화하기를, 인생의 전환점이 되기를, 수능 대박의 주인공인 수험생이 되기를 바란다.

2017학년도 ETOOS 계열 전체 수석, 수능 상위 0.01%
김성진 드림

이 책을 펼치고 계신 학부모님들께서는 누구보다도 자녀의 입시를 걱정하고 많이 고민하며, 자녀와의 갈등을 경험하고 계실지도 모릅니다. 저 역시 대학 입시를 준비하며 어머니와 수많은 갈등을 겪었던 기억이 납니다. 돌이켜보면, 입시를 준비하는 시간은 저와 어머니 모두에게 힘든 시간이었습니다. 그래서 부모님과 자녀 사이에 생기는 갈등도 어쩌면 자연스러운 과정이라는 생각이 듭니다.

제가 고등학교 3학년이었을 때, 어머니는 매일 학교가 끝나면 저를 데리러 오셨습니다. 종일 공부에 지친 아들을 조금이라도 쉬게 하고 싶다는 이유로 말입니다. 차를 타면 늘 미소 지으며 "오늘 잘했니?"라고 물으셨습니다. 하지만, 저는 짜증을 냈습니다. 공부에 지쳐 있던 저는 어머니의 따뜻한 말조차도 잔소리로 느껴졌기 때문입니다. 그 당시에는 그 마음을 이해하지 못했지만, 나중에야 깨달았습니다. 그 말은 단순한 안부가 아니라, 저를 향한 끝없는 사랑과 걱정과 응원의 표현이었다는 것을요.

이후 학생들을 수없이 상담하면서 많은 수험생이 같은 경험을 겪고 있다는 것을 알게 되었습니다. 부모님은 자녀가 더 나은 성적을 받아 더 좋은 대학에 진학하길 바라는 마음에서 조언합니다. 하지만, 자녀는 이미 최선을 다하고 있다고 느끼고, 그 조언이 잔소리로 들립니다. 그래서 갈등이 생깁니다. 하지만, 이 갈등은 부모님의 진심에서 비롯된 것임을 수험생인 자녀가 이해하기까지는 시간이 걸립니다.

갈등을 해결하기 위한 첫걸음은 자녀와의 진솔한 대화입니다. 자녀의 마음을 이해하고, 이들의 '걱정'과 '목표'에 귀 기울여 주세요. 자녀는 "왜 이런 성적을 받았니?"라는 질문보다는, "어떤 상황에서 이런 실수가 나왔니?"라는 말, 또 "컨디션이 좋지 않았니?"라는 말을 듣고 싶어 합니다. 자녀의 마음을 깊이 이해하려는 부모님의 따뜻한 시선이 자녀에게는 든든한 아군 한 명이 생기는 것이고, 여기가 대화의 출발점이 되게 됩니다. 그때부터 자녀는 부모님의 조언을 잔소리로 여

수능 성공 7단계 법칙

기지 않고 고민과 걱정을 같이 해결할 수 있는 든든한 부모님으로 느끼게 될 것입니다.

학부모님께서는 자녀가 성공했으면 하는 마음으로 이 책을 집었을 것으로 생각합니다. 이 책의 7단계 법칙을 통해 공부하는 것이 수능 성적을 올리는 가장 빠른 길이라고 저는 확신합니다. 하지만, 이 책을 수험생인 자녀에게 권하면, "공부할 시간도 부족한데 무슨 책이냐?"라며 거부할 수도 있습니다. 만약 자녀가 끝내 읽지 않더라도, 자녀의 수능 성공을 위해 부모님께서 먼저 책을 읽고 핵심 내용을 자연스럽게 전달해 주시길 바랍니다.

많은 부모님이 자녀의 성적을 위해 입시 설명회를 다니고, 일타 강사 특강을 선착순으로 신청하며 최선을 다하고 계신 걸 압니다. 하지만 오늘 저녁, 자녀와 함께 나누는 진심 어린 대화가 그 무엇보다도 중요하다는 것을 기억해 주세요. 자녀는 부모님의 진심을 느끼고, 그 사랑을 힘으로 삼아 앞으로 나아갈 것입니다.

전국에서 자녀를 진심으로 응원하고 있는 많은 학부모님께,
모든 수험생의 성공을 바라며

차 례

8장

7단계, 나 자신을 믿어라

"

가장 위대한 성공은
실패할 수 있는 자유가 있을 때 나온다.

_마크 저커버그
(페이스북 창립자, 현 메타 CEO)

"

수능
성공을
원한다면

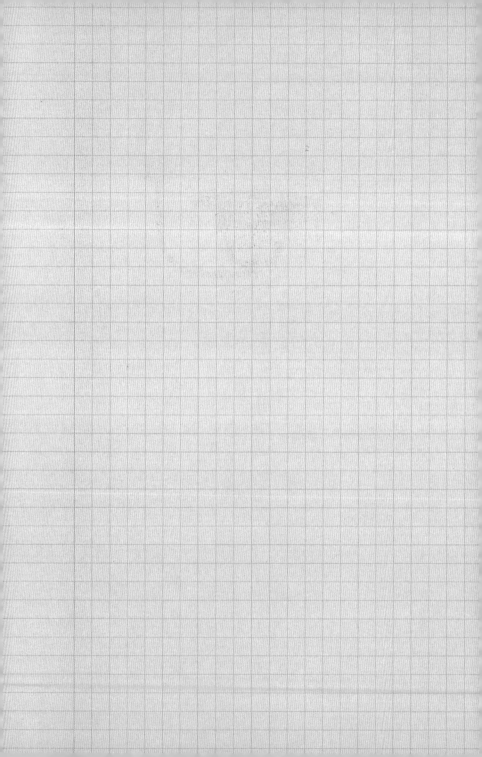

왜
사교육을 찾는가?

우리나라는 사교육 열풍이다. 6년 전 내가 수험생일 당시, 제주도에서 주말마다 대치동 학원을 오는 학생도 있었다. 최근에는 초등학생을 대상으로 한 의대 준비반까지도 생겼다는 기사가 나왔다. 학교 하교 시간이 되면 교문 앞과 운동장은 수험생들을 학원에 데려다주려는 학부모들의 차량으로 붐비고, 학원이 끝나는 시간엔 대치동 학원가 도로가 마비된다. 그뿐만 아니라 여름엔 땀을 흘리며, 겨울엔 옷을 싸매고 허겁지겁 스터디 카페에 와서 과외를 받거나 인강을 듣는 학생들도 많다.

이런 모습은 상위권 학생들에게만 해당하는 게 아니다. 상위권부터 하위권까지 모두가 사교육을 받고 있다. 이렇게까지 사교육을 하는 이유는 무엇일까? 공교육의 질이 떨어져서일까? 틀린 말은 아니다. 어쩌면 사교육이 발달하다 보니 공교육이 상대적으로 약해진 것일지도 모르지만, 결론적으로 상담할 때마다 공교육만으로는 부족하다는 생각을 많이 했다. 물론 공교육에도 뛰어난 선생님이 있고 공교육만으로도 뛰어난 학생이 있음을 인정한다.

사교육의 대표 격인 학원은 학부모와 수험생의 선택을 받기 위해 단기간에 성적을 끌어올려야 한다. 그래서 지문 읽는 법, 문제 파악하는 법, 평가원 코드 등 수많은 문제 스킬들을 강의한다. 이 때문에 사교육을 받으면 성적이 빠르게 올라간다. 다만, 사교육은 시험에 출제되는 핵심만 강의하는 경향이 있어 기초적인 내용을 빠르게 설명하거나 상대적으로 덜 다루는 경우가 많다. 물론 기초 강의 반처럼 기초부터 탄탄하게 다지는 커리큘럼이 있듯, 예외는 있다. 반면, 공교육은 기초적인 내용을 천천히 제대로 가르쳐, 개념을 명확히 이해하게 하고 배운 내용을 오래 기억하게 해주는 장점이 있다.

예를 들면, 공교육에서는 국어 문학 작품에서 의미하는 바를 세세히 설명해 주고, 수학에서는 공식을 도출하는 과정의 이론과 증명을 알려준다. 따라서 공교육과 사교육을 병행하면 서로의 장점을 보완해 좋은 결과를 얻을 수 있다. 내신에 한해서, 전교 1등 학생이 사교육을 전혀 받지 않고 학교 수업에만 집중한다는 인터뷰들이 많다. 내신은 결국 학교 선생님들이 출제하기에 맞는 말이긴 하다.

그러나 내신 전교 1등 학생이 항상 수능 상위 1%라는 보장은 전혀 없다. 실제로 모의고사 성적이 내신 성적보다 떨어지는 경우가 더 많았다. 다만, 서울의 몇몇 고등학교는 내신과 정시 모두 잘하는 학생들이 많이 있다. 여러 이유가 있겠지만, 학교 선생님들이 학생들을 위해 직접 사교육 인강을 듣고, 평가원에 기반한 고퀄리티의 문제를 내신에 출제하는 것이 영향을 미쳤을 것이다.

그리고 수험생들과 학부모가 공교육보다 사교육을 더 뛰어나다고 생각하는 이유는, 사교육 선생님들의 현장이 철저한 실력주의에 기반하고 있기 때문이다. 즉, 실력이 없으면 수험생들에게 외면받고 결국 그 자리에서 밀려나는 환경이다. 이렇게 치열한 경쟁 속에서 살아남은 선생님들의 실력은 뛰어날 수밖에 없다. 아무리 학원에서 광고를 잘해도, 선생님의 실력이 부족하면 수험생들의 커뮤니티에서 금세 소문이 퍼지고, 결국 그 선생님을 찾는 수험생들은 없어지게 된다.

일례로 내가 재수학원을 다녔을 때, 한 영어 선생님은 매번 수업마다 자기소개로 이렇게 말했다. "나는 고려대학교 영문학과 출신이고, 내 수업은 진짜 좋아서 인강은 들을 필요가 없어." 그러나 그 수업은 재수학원 수험생들 사이에서 가장 듣기 싫은 수업으로 유명했다. 앞자리에 앉은 몇몇 수험생만 눈치가 보여 수업을 들었을 뿐, 학원의 수험생 대부분은 자습했다. 학생들이 수업을 듣지 않는 이유가 무엇일까? 답은 하나였다. 가르치는 사람의 실력이 부족했기 때문이다. 그런데도 선생님은 수험생들에게 수업에 집중하지 못한다고 꾸짖었고, 자신의 실력이 부족해서 학생들이 집중하지 않는다는 것도 모르고 수업마다 자신의 수업이 최고라고 주장했다. 물론 세뇌당한 학우들은 한 명도 없었다.

반면, 실력 있는 선생님은 어떨까? 전국에서 수험생들이 몰려든다. 심지어 부산, 제주도에서까지 주말마다 수업을 들으러 서울로 온다. 예를 들어, 내가 수험생이었을 때 수학의 현우진 선생님, 화학의 박상현 선생님, 정훈구 선생님 등은 인기가 워낙 많아 대기를 신청해야 강의를 들을 수 있을 정도였다. 그 선생님들이 특별히 자신의 강의를 들으라고 강요한 적도 없지만, 수험생들은 계속 몰렸다. 그 이유는 단 하나, 탁월한 실력 때문이었다.

결국 수험생들과 학부모가 사교육을 선택하는 이유도 간단하다. 상위권이 되기 위해서 사교육을 받는 것이 아니라, 실력 있는 선생님들에게 배워 학습 효율을 올리고 싶기 때문이다. 대학생 과외를 하는 것도 비슷한 이유다. 수험생 혹은 학부모가 원하는 대학교, 학과에 합격한 사람에게 직접 배우고 싶은 것이다. 특히, 자신의 롤모델이 옆에 있다는 사실만으로도 수험생에게는 공부하고자 하는 큰 동기부여가 되고, 질의 응답을 하면서 수능에 대한 현장감까지 간접 경험할 수 있기 때문이다.

좀 더 정리해 보면, 수험생들이 사교육을 찾는 이유는 크게 4가지가 있다.

첫째, 실력 있는 선생님에게 배워 실력을 키우고 싶어 한다.
둘째, 학습 방법의 시행착오를 줄이고 선택의 순간에서 도움받길 원한다.
셋째, 자신의 롤모델과 자극을 주는 라이벌을 곁에 두고 싶다.
넷째, 자신의 강점을 더 강하게 하고, 약점을 보완해 목표를 이루고 싶어 한다.

특히 두 번째와 네 번째 목표를, 나는 이 책을 통해 수험생 여러분이 달성할 수 있었으면 좋겠다. 나는 수험생 여러분이 좋은 성적을 받기를 그 누구보다 간절히 바라고, 뒤이어 제시할 7단계 법칙을 따라가면 반드시 당신의 꿈을 이룰 수 있다고 생각한다.

이렇게 사교육을 옹호하면 좋지 못한 시선으로 바라볼까봐 걱정되는 면이 있다. 하지만, 오로지 수험생 한 명이라도 더 원하는 결과를 얻었으면 하는 마음에 용기를 내서 말하는 것이니 만큼 객관적으로 받아들여 줬으면 좋겠다.

𝒯𝑜. 수능 성공을 원하는 수험생에게

누군가는 "우리 집은 돈이 없어서 사교육을 받을 수가 없어요"라고 말할 수 있다. 사교육은 경제적인 부담이 크기에, 누구나 있을 법한 고민이다. 하지만, 이를 해결할 방법이 전혀 없는 것은 아니다.

나의 친한 친구는 고등학교 때 집 앞 학원을 무료로 다녔다. 이 친구는 학원 원장님께 전교 1등을 하겠다는 목표를 말했고, 학원 원장님은 투자라 생각하고 친구에게 수강료를 받지 않고 수업을 듣게 해주었다. 결국 친구는 고등학교 내신에서 1등을 했고, 이 소식으로 해당 학원에 수강생이 몰렸다.

이 글을 읽는 누군가는 '원래 잘하는 학생이라 그런 거 아

수능 성공 7단계 법칙

니야? 난 그 성적이 나오지 않는데?'라고 생각할 수 있다. 그렇다면 매번 시험마다 10등 이상 올릴 테니, 수강료를 낮춰줄 수 있는지 학원 원장님께 먼저 제안해 보아라. 열심히 공부하고 성적을 올리고 싶어 하는 학생에게 그 문을 열어줄 선생님들은 많을 것으로 생각한다. 현실적으로 경제적인 부분을 배제할 수는 없겠지만, 그렇다고 경제적인 것이 전부는 아니라는 것을 꼭 기억했으면 좋겠다.

불안을 감지하는
'안테나'를 가져라

수험생들은 만족하는 점수의 과목도 있고, 그렇지 못한 과목도 있다. 그리고 다음 시험을 앞두고, 만족하지 못한 과목에서 평소에 해왔던 똑같은 실수를 할까 봐 불안해한다. 나는 수학, 과학 성적은 시험에서 만족스럽고 자신감이 있었지만, 국어와 영어는 대체로 만족하지 못했고, 다음 시험에서 똑같은 실수를 할까 봐 걱정을 많이 했다. 시험 날 '이번 시험은 잘 봐야 할 텐데', '그동안 열심히 공부했는데 잘할 수 있을까?' 등의 생각을 하며, 자신을 더 불안하게 만들었다. 이렇게 생각하는 수험생 대부분은 실제로 그날 같은 부분에서 실수하거나, 그 부분에 시간을 많이 할애하여 다른 파트 문제를 풀 시간이 부족해지는 상황을 경험하게 된다. 무엇이 문제일까? 왜 불안해할까? 그것은 바로 '자기 자신에 대한 믿음이 부족'하기 때문이다.

시험을 보기 전, 우리는 자신 있는 과목에 대해서는 특별히 걱정하지 않는다. 심지어 아무런 생각도 하지 않거나, '이 파트는 빨리 풀고 다른 파트에 시간을 더 써야지'라고도 생각한다. 이유는 단순하다. 바로 '잘할 수 있다'라는 믿음이 있기 때문이다. 그리고 이 믿음은 평소 성적으로부터 나오고, 이 성적은 평소 마인드셋과 노력에서 나온다. 내가 7단계 법칙을 깨우치기 전에 수학은 항상 잘할 수 있다고 느껴졌지만, 국어는 어려웠다. 그래서 국어 시험을 앞두고는 '이번엔 제발 쉽게 나왔으면 좋겠다', '현대 소설은 제목만이라도 아는 게 나왔으면 좋겠다', '법 관련 지문만 안 나왔으면 좋겠다'라고 생각했었다.

반면에, 자신 있는 수학 시험을 앞두고는 '수학은 좀 쉬엄쉬엄 풀고 다음 영어 시험을 위해 집중력을 아껴두자'라고 생각한 적이 많았다. 결과는 어땠을까? 국어는 같은 실수를 했고, 수학은 좋은 결과를 받았다. 우리는 스스로 확실하게 잘한다고 생각하는 과목이나 특정 파트에 대해서는 걱정하지 않는다. 오히려 그 과목에 대한 믿음과 자신감이 있고, 그 믿음과 자신감은 다음 시험에서도 성공할 수 있도록 만들어준다.

지금까지 자신감이 중요한 이유를 살펴보았다. 이제 자신 없는 과목에 대해 '왜 자신이 없는지'를 5분간 생각해 보자. 그리고 그 이유를 꼭 직접 적어보자. 이렇게 말을 해도 이 글을 읽는 수험생들의 95%는 쓰지 않거나, 집중해서 생각하지 않고 '잘 모르겠다', '나중에 고민해 봐야지' 등의 이유로 작성을 미룰 것이다. 하지만, 상위 5%는 이미 고민하고 작성할 준비를 하고 있을 것이다. 당신도 상위 5%가 되어보자.

자신 없는 이유가 뭘까?

_____

_____

_____

_____

_____

작성했다면 당신은 이미 상위 5%가 될 충분한 잠재력이 있다. 다양한 이유가 있겠지만 크게 4가지 이유에 속할 것이다.

1. 모르는 내용이 많다.

2. 이전 시험에서 자주 틀린 유형/과목이다.

3. 깊이 있는 공부를 하지 못해 준킬러/킬러 문항 접근이 어렵다.

4. 실수가 많다.

    답변을 작성한 여러분은 이미 스스로 부족한 부분을 인지하는 '안테나'를 갖고 있다. 5분 동안 생각해도 도저히 모르겠다면 '모르겠다'라고 적어도 괜찮다. 일단 고민했다는 것에서 태도가 갖춰진 것이고, 충분히 잠재력이 있는 것이니 걱정하지 않아도 된다. 다만, 이 책을 다 읽은 후 다시 한번 생각해보고 반드시 적어보자. 불안을 감지하는 '안테나'를 가지고 있다는 것은, 그만큼 우리가 성장할 잠재력이 충분하다는 것을 의미한다. 불안한 부분을 해결해 나가면, 자연스럽게 '잘할 수 있다'라는 믿음과 자신감도 점점 더 강해지기 때문이다. 그래서 불안함이 느껴질 때, 외면하지 말고 정면으로 마주하며 문제점을 정확하게 진단 내려야 한다. 질병과 마찬가지로, 불안함도 너무 늦지 않은 시기에 원인을 발견하고 대응한다면, 우리는 반드시 성공할 수 있다.

    혹시 불안한 이유를 잘 모르더라도, 이 책에서 제시하는

7단계 법칙을 따라가면, 그 이유를 알게 될 테니 걱정하지 않았으면 한다. 이 책을 읽는 여러분은 시험을 잘 보기 위해 어떻게 노력해야 하는지, 그리고 스스로 무엇을 원하는지 알고 싶어 하는 잠재력 있는 '안테나를 가진 수험생'이다.

Summary

1. 사교육에는 실력 좋은 선생님들이 많고, 이들에게 배워야 동일한 학습 시간 대비 더 좋은 결과를 낼 수 있다.

2. '잘할 수 있다'는 믿음과 자신감이 있는 과목은 다음 시험에서 성공할 수 있게 만들어준다.

3. '안테나'를 세워라. 불안함을 외면하지 않고, 그 원인을 찾고 대응한다면 성공할 수 있다.

66

목표를 크게 잡아라.
실패하는 것은 문제가 아니다.
그러나 목표를 낮게 잡아 이루는 것은
문제가 된다.

_미켈란젤로
(예술가)

99

2장

1단계,
목표를 구체적으로
정해라

구체적인
목표의 힘

좋은 수능 성적을 받기 위해 가장 먼저 해야 할 일은 목표를 설정하는 것이다. 지금부터 5분만 시간을 내어, 자신의 목표를 아래에 꼭 써보길 권한다.

당신의 목표는 어떻게 되는가?

_____

_____

_____

"수능 목표가 어떻게 되나요?"

내가 수험생들을 상담할 때 제일 먼저 물어보는 질문이다.

언뜻 보면 쉬워 보이는 질문일 수도 있지만, 이 질문에 명확한 답변을 하는 학생은 드물었다. 때로는 부모님이 옆에서 대신 "서울대 의대를 가고 싶어요"라고 말하는 경우도 있었다. 대게 수험생은 크게 5가지 유형으로 답했다.

1. 최근 시험을 망쳐서 상담받아 보려고요.

2. 지금 수업받는 과외랑 학원이 마음에 들지 않아서 옮기려고요.

3. 목표는 없어요. 일단 성적을 올리고 싶어요.

4. 서연고, 의치한 같은 좋은 대학교에 가고 싶어요.

5. 잘 모르겠어요.

내가 수험생들에게 수능 목표가 어떻게 되는지 물어보았을 때, 꽤 많은 수험생이 1, 2로 답했다. 1, 2는 목표가 아니라 현재 상황이다. 3처럼 목표 없이 일단 성적부터 올리자는 수험생도 있었고, 목표가 있다고 하더라도 막연하게 4로 말하기도 했다. 어쩌면 4처럼 말하는 것만으로도 충분한 잘 해낼 것으로 생각한다. 생각보다 목표를 가진 수험생이 없기 때문이다.

이러한 5가지 답변의 공통점은 무엇일까? 목표가 없거나 있다 하더라도 구체적이지 않다는 점이다. 목표가 구체적이지 않으면 '불안함을 감지하는 안테나'를 100% 활용할 수 없다. 나는 고등학교 3학년 당시 막연하게 '의대를 가고 싶다'라고 생각했다. 구체적이지 않은 목표였기에 나의 안테나는 제대로 작동하지 않았다. 매번 시험 때마다 불안함만 느낄 뿐 어떻게 개선해야 할지조차 생각하지 못했고, 결국 만족하지 못한 수능 결과로 이어졌다.

이랬던 내가, 재수할 때 국어 선생님을 만나면서 변하게 되었다. 선생님은 첫 시간에 다른 선생님들과는 전혀 다른 신선한 말씀을 하셨는데, 아직도 생생하게 기억날 정도로 나에게는 충격적이었다.

"이 시험지는 어려울 거야. 하지만 시험지를 받자마자 첫 장에 이름과 함께 반드시 '국어 영역 100점'이라고 쓰고 시작하는 거야. 수능 날, 시험장과 시험지가 주는 압박에 눌리면 안 돼!"

처음에는 무척 신선하면서도 동시에 생소하게 느껴져서 의문을 가졌지만, 그냥 믿고 그대로 했다. 그리고 국어 영역에 국한하지 않았고 과목마다 시험 보기 전, 첫 장에 '100점'을 적었다. 단순하게 100점이라고 적었던 그 행위는 점점 거대한 파도처럼 몰려와서 나의 힘이 되었다. 그 힘은 시험장이 주는 압박감에서 벗어나도록 했을 뿐만 아니라, 목표 또한 구체화하는 데 도움을 주었다.

목표가 구체화 되면 '어떻게 해야 목표를 이룰 수 있을까?'에 대해 자연스럽게 고민하게 되고, 나의 어떤 점이 부족한지 더 명확히 보이게 된다. 예를 들어 목표로 세운 '실수하지 않고 의대 가는 것'을 이루고자 고민하는 과정에서, 국어 시험 보기 문항에서 첫 문장 또는 마지막 문장을 확실하게 이해하려고 하지 않는 나의 문제점을 볼 수 있었다. 이후 내 목표는 더욱 구체화 되었다.

'모르는 것은 틀리자. 하지만, 과목별로 모르는 것은 최대 1개다. 그렇게 하기 위해서는 매 순간 최선을 다해서 공부하자. 그리고 수능 당일, 단 하나의 실수도 저지르지 않고 시험을 본 뒤, 저녁에 가족과 웃으면서 밥을 먹자. 밤에는 수시로 지원한 모든 대학교에 가지 않겠다고 학원에 통보하자.'

그리고 마침내 나는 내 꿈을 이루었다. 처음 정한 목표는 단순했지만, 목표가 구체화 되는 과정에서 나의 부족한 점을 보완할 수 있었고, 목표 그 자체로 동기부여가 되어 꿈을 이루는 데 결정적인 역할을 했다.

또 다른 예로, 내가 수능을 망치고 방 안에 조용히 있을 때였다. 방문을 열고 들어와 형이 노트 한 권을 건네주었다. 첫 페이지에는 '연세대학교 치의예과 입학'이라고 적혀 있었다.

그리고 그 뒤에는 몇 학번으로 입학할 것인지도 구체적으로 쓰여 있었다. 형은 결국 그렇게 바라던 치과의사가 되었다. 수험기간 동안, 구체적인 목표를 마음속에 간직했기 때문이라고 생각한다. 그래서 나는 공책에 '연세대학교 의과대학 입학'을 적고 그다음 줄에 '전 과목 실수 금지'라고 적었다.

다시 말하지만, 수험생 대부분은 구체적인 목표 없이 '의치한이 목표예요', '서울대 가고 싶어요'라는 등의 막연한 목표를 가지고 있다. 물론 목표가 있다는 것만으로도 훌륭하다고 생각한다. 하지만 이렇게 계속 구체적인 목표의 중요함을 언급하는 이유는, 구체적인 목표가 있는 수험생이 최종 결과에서 큰 성공을 이루는 것을 수없이 보았기 때문이다.

구체적인 목표는 선순환을 만들어낸다. '시험에서 실수하지 않고 의대를 가고 싶다'라는 나의 첫 목표는 단순했지만, 1분 1초를 아껴서 공부하는 동기부여가 되었고 성공의 결과를 가져왔다. 이 책을 읽는 당신도 지금 당장 목표가 없다면, 앞에서 말한 예시를 참고해서 적어도 좋다. 그리고 매일 5분씩 투자해 목표를 더 구체화해라. 지금 당장은 눈에 보이는 변화가 없을지라도, 시간이 지나 뒤돌아보면 큰 차이를 느낄 수 있을 것이다. 구체적인 목표의 힘은 분명히 당신을 성공으로 이끌어줄 것이다.

✔ 구체적인 목표를 정하는 방법

첫 번째 단계는 '구체적인 목표를 세워야 하는 이유'의 필요성을 이해하는 것이다. 지금껏 설명했으니 모두 이해할 것으로 생각한다.

두 번째 단계는 '최종 목표가 무엇인지'를 알아야 한다. 가장 먼저 인생에서 무엇을 하고 싶은지를 생각해야 한다. 나는 주변 사람들에게 도움이 되고 싶었다. 그래서 의사가 되면 사람들에게 좋은 영향을 줄 수 있다고 생각했고 의대 입학을 최종 목표로 세웠다.

세 번째 단계는 '어떻게 도달할 것인지'를 파악하는 것이다. 목표로 하는 대학/학과를 위한 입시 성적, 자신의 과목별 강점과 약점 등을 파악해야 한다. 이후 어떻게 대비해야 하는지도 같이 고민해야 한다.

네 번째 단계는 공부 외적인 목표가 있어야 한다. 나는 매 시험 결과에 따라 가족들의 분위기가 달라지는 것을 느꼈다. 특히나 현역 때 수능을 망치고 집에 있을 때는 모두가 내 눈치를 보는 느낌이었다. 그래서 다시 수능을 준비할 때는 '수능 날 저녁에 웃으면서 가족과 밥을 먹고 싶다'라는 공부 외적인 목표를 포함했다. 소소한 행복을 줄 수 있는 목표를 함께 생각하면 지치고 힘든 수험 생활에서 힘이 되어줄 것이다.

이제 다시 당신의 목표를 구체적으로 적어보자.

(앞에서 목표를 적지 않았다면 최소한 '○○대학교 ○○학과 입학'이라도 적어
보자.)

이전에 썼던 목표와 다르고, 특히 목표가 구체화 되었다면
당신은 성공할 수 있는 수험생이다.

작은 목표라도
더욱 생생하게 상상해라

우리는 지금껏 목표를 정하는 것에 대한 중요성과 구체화
하는 방법에 관해 이야기했다. 앞서 말했듯이, 처음에는 막막
하고 어려울 수 있지만 매일 5분씩 투자해 목표를 구체화하
려고 노력하면, 그 구체적인 목표는 성공으로 이어질 것이다.

특히, 구체적인 목표가 생생할수록 학습 동기부여가 커지
게 되고, 더 높은 성적을 위해 끊임없이 더 노력하게 된다. 물
론 구체적인 목표를 세우는 것 자체도 쉽지 않은데, 이를 생
생하게 만드는 것은 더 어렵게 느껴질 수 있다. 부담스럽다면
먼저 '안테나'를 세우고, 내면의 소리에 귀 기울여 불안한 원
인을 찾아보고 간단한 목표라도 적어보자. 작은 성공이 모여

큰 성공으로 이어진다는 말처럼, 서두르지 말고 작은 목표부터 차근차근 생생하게 만들어보자.

"일을 시작할 땐, 그 끝을 생생하게 상상해라."

작은 서점에서 출발해 미국 최대의 온라인 시장을 만든 아마존 CEO인 제프 베이조스는 이렇게 말했다. 성공하고 싶다면, 자신의 구체적인 목표를 최종 목적지가 분명하게 보일 정도로 생생하게 상상해야 한다.

To. 수능 성공을 원하는 수험생에게

나의 친한 친구는 현역으로 연세대학교 의과대학에 수시 전형으로 입학하였다. 그리고 알게 된 사실은, 그 친구는 중학교 때부터 연세대학교 의과대학 입학을 목표로 그림을 그려 전시할 정도로 생생한 꿈을 꾸고 있었다. 고등학교 졸업 후에서야 구체적인 목표를 세운 나와는 너무나 달랐다. 아마도 이러한 차이가 현역 합격과 재수의 차이를 만든 것 같다고 생각한다. 친구가 중학생 때부터 이렇게 생생한 목표를 세운 게 정말 대단하다고 느껴진다.

이렇게 생생한 목표를 정하면, 우리가 예상했던 것보다 훨씬 큰 결과로 돌아올 것이다. 그래서 이 책을 읽는 모든 수험생이 구체적인 목표를 세우고, 이를 생생하게 만들며 꾸준히 공부하고 노력하기를 진심으로 바란다.

친구의 중학교 시절 그림

나 자신을
믿어야 한다

프롤로그를 읽어본 여러분이라면 다음 문장에 익숙할 것이다. 내가 제일 좋아하는 문장이다.

"자기 자신을 믿는 만큼 그게 수능 점수다."

나를 상위 0.01% 안에 들게 해준 성공의 문장이자, 이 책에서 설명하는 7단계 법칙의 최종 목표이고, 이 책의 가장 핵심이다. 나는 이 문장을 마음속 깊이 새겨, 나 자신을 정확하게 보고 나의 위치를 지속적으로 정확하게 판단할 수 있었다. 그리고 이 문장은 나뿐만 아니라 나의 친형, 나의 수많은 과외생 모두를 성공할 수 있게 만들었다.

몇몇 수험생은 본인은 분명 자기 자신을 믿고 있는데 왜 모의고사 점수는 낮게 나오는지 모르겠다고, 나에게 그 이유를 물었다. 그러면 나는 항상 시험에서 불안한 요소는 없었는지 되물었다. 수험생들은 이 질문에 답하면서, 평소에 인지하지 못했던 불안한 요소들이 많았다는 걸 스스로 알게 되고, 이 과정에서 자신을 믿고 있었다는 것이 사실 착각이었다고 느낀다. 핵심은 모든 불안한 요소들에 대비했을 때 진정으로 자신을 믿을 수 있고, 좋은 결과로 돌아오게 된다는 것이다.

나는 고등학교 3학년 때, 수능 전날까지 굉장한 자신감이 있었다. 돌이켜보면 근거 없는 자신감이었다. 사설 모의고사에서 좋은 성적을 받은 것도 있었지만, 무엇보다 현역이었기 때문에 수능 당일의 상황을 잘 몰라서 오히려 자신만만했었다.

하지만 수능 당일 아침이 되자 집을 나서는 순간부터 상황이 달라졌다. 고사장으로 향하는 길이 기억나지 않을 정도로 불안이 엄습했다. 교문 앞에 도착했을 때는 한 번도 느껴보지 못한 압박감이 밀려왔고, 그 불안은 시간이 갈수록 커져만 갔다. 특히 국어 시험이 가까워질수록 '법과 경제 비문학을 잘하지 못하는데 출제되면 어떡하지?', '시험이 어려우면 시간 안에 풀 수 있을까?' 같은 걱정들이 머릿속을 가득 채웠다. 전날까지만 해도 자신감으로 가득했던 나는 수능 당일, 계속 무너졌다.

　1교시 국어 시험을 앞두고 '망칠 것 같다'라는 불길한 예감이 들었고, 시험이 시작되자 그 예감은 현실이 되었다. 글자가 눈에 튕기는 느낌이 들고 내용이 머릿속으로 전혀 들어오지 않았다. 당연히 국어 시험은 잘 보지 못했다고 생각했고, 이는 그 이후 모든 과목에 영향을 주었다. 현역이었던 나는 자신의 약점을 외면한 채, 잘할 수 있을 것이라는 착각 속에서 좋은 결과만을 바랐다. 아마 이 책을 읽는 당신이 재수생이나 N수생이라면, 나의 경험이 더욱 공감될 것이다. 한번 생각해 보길 바란다. 지금 수능을 잘 볼 수 있다고 믿으며, 당신 안의 불안을 애써 무시하고 있는가? 아니면 정말 자신감이 있는가?

　우리가 수능에서 좋은 성적을 거두기 위해서는, 스스로 잘 볼 수 있다는 믿음이 일말의 의심조차 없이 확고해야 한다. 의심 없이 확고하게 믿을 수 있다는 것은 결국 불안함이 없는 상태를 만드는 것이다. 어떻게 수능에 대한 불안감을 없앨 수 있을까?

　답은 간단하다. 불안함을 느끼는 모든 부분을 개선하고, 목표를 생생하게 구체화하는 것이다. 우리는 경험적으로, 그리고 감각적으로 어떤 과목에서 어떤 파트가 약점인지 알고 있지만 인정하지 않으려고 한다. 그리고 잘하는 과목, 자신 있는 파트만 더 열심히 공부한다. 대부분 수험생이 이렇게 공부하기 때문에 수능 당일, 그동안 외면해왔던 약점들이 모두 드러나면서 기대에 못 미치는 처참한 점수를 받게 된다.

하지만, 이 책을 읽는 당신은 남들과는 달라야 한다. 구체적인 목표 아래에서, 불안한 부분인 약점들을 인정하고 모두 강점으로 만들어야 한다. 약점을 부정하지 말고 인정해야 한다. 물론 아무리 근거 없는 자신감이라고 해도 자신감이 아예 없는 것보다는 수능 당일 시험을 더 잘 보는 데에 도움이 될 수는 있다. 수능 날에는 시험 보는 교실, 시험지 등 수많은 압박감을 주는 요소들이 존재하기 때문이다. 하지만 단순한 자신감은 완벽한 해결책이 될 수 없기에, 우리는 자기 자신을 확실하게 믿을 수 있을 만큼 노력과 연습을 해야 한다. 약점을 강점으로, 강점을 더 강한 강점으로 만들어야 한다.

이는 단순히 열심히 공부하는 것만으로는 이루어지지 않는다. 물론 많은 노력이 뒷받침돼야 하지만, 무엇보다 자신의 실력에 완벽한 믿음을 갖기 위해서는 7단계 법칙을 따라야 한다. 7단계 법칙이 없는 눈먼 노력은 언제든 쉽게 무너질 수 있는 모래성과 같다. 같은 시간 동안 공부했더라도, 모두 같은 성적을 얻을 수 없는 이유가 바로 여기에 있다.

모든 수험생에게는 똑같이 3년이라는 시간이 주어져 있다. 하지만 남들보다 앞서나가고 상위권 성적을 얻기 위해서는 남들과 다른 방식으로 공부해야만 한다. 특히 재수생에게 주어진 시간은 1년이기에, 반드시 남들과 달라야 한다. 최상위권에 올라서는 방법을 깨우치지 못한다면, 그 자리에 도달하기까지 더 많은 시간과 노력이 필요할 수 있다. 이는 재수, 삼수, N수로 이어질 수 있다. 내 친구는 고3 현역으로 연세대학교 의과대학을 입학했지만, 그 방법을 깨닫지 못했던 나는 2년을 더 투자해 연세대학교 의과대학을 입학할 수 있었던 것처럼 말이다. 즉, 7단계 법칙을 통해 효과적인 공부를 하는 것이야말로 수능 성공의 지름길이다.

대학이 원하는 인재

목표 대학교와 학과 관련 자료를 직접 찾아본 적 있는가? 많은 수험생들이 자료를 찾아본 적이 없고, 어떻게 찾는지 모르는 경우도 많다. 나 역시 그랬다. 이번에 소개하는 내용은 다소 '수시' 중점이지만, 일부 정시를 준비하는 수험생에게도 도움이 될 것 같아 소개하고자 한다.

내가 가고 싶은 학교, 학과가 무엇을 원하는지 안다면 남들보다 한발 앞서갈 수 있다. 특히 수시를 생각하고 있는 수험생이라면 수많은 전형 중 자신에게 가장 유리한 전형을 찾아야 한다. 12월 초, 수능 결과가 나오면 전국 학원가에서 입시 지원전략 상담을 시작한다. 2024년 기준, 대학교는 총 334

개가 있고 약 12,000개의 학과가 있다. 지원전략 상담을 통해 어느 정도 도움을 받을 수 있지만, 이렇게 수많은 학교, 학과를 학원이 완벽하게 파악하고 있다고 믿으면 안 된다. 학원이 개발한 프로그램에 아르바이트생이 성적만 돌리고 1차 상담하는 경우도 있다. 순진한 수험생과 학부모는 대단한 학원 선생님이 상담해 주었다고 믿을 수 있지만, 실상은 아닐 수도 있다.

학원을 믿지 말라는 말이 아니다. 학원이 분명히 도움은 되나, 자신이 가고자 하는 대학 및 학과는 스스로 꼭 찾아봐야 한다는 것이다. 간혹 모의고사 성적이 좋지 않아 "난 수능 최저를 못 맞출 것 같아 수시가 힘들 것 같다"라고 말하지만, 특별 전형으로 수능 최저가 없는 경우도 있고, 오히려 낮은 경쟁률로 합격 확률을 높일 수도 있다.

목표로 하는 대학교 또는 학과에 가기 위해 갖춰야 할 것을 어떻게 찾을 수 있을까? 꼭 대치동과 같은 입시 정보가 많은 곳을 찾아가지 않아도 된다. 인터넷 검색으로 충분히 파악할 수 있고, 오히려 그렇게 얻은 정보가 가장 정확할 수 있다. 직접 보여주는 것이 가장 적절할 것 같아 내가 입학한 연세대학교 의과대학을 예시로 보여주겠다. 전에 과외 할 때 알려줘도 학생 스스로 찾아보는 경우가 너무 적어, 책에서 보여주고자 한다.

수시	정시	편입학	재외국민	Int'l student	입학도우미	학교안내
모집요강/서식	모집요강/서식	모집요강/서식	모집요강/서식	모집요강/서식	공지사항	전공안내
공지사항	공지사항	공지사항	공지사항	공지사항	입학 캘린더	학사안내
기출문제	기출문제	경쟁률	경쟁률	서류도착 확인	FAQ	LearnUs
경쟁률	경쟁률	서류도착 확인	서류도착 확인	합격자발표	Q&A	장학제도
서류도착 확인	서류도착 확인	고사장 조회	고사장 조회	Q&A	통합자료실	기숙사
고사장 조회	고사장 조회	합격자발표	합격자발표	정부초청 외국인 장학생 선발(GKS)	입학정보지	오시는 길
합격자발표	합격자발표	Q&A	Q&A		입학설명회	
Q&A	Q&A				논술특강	

[표1] 연세대학교 입학처

'연세대학교 입학처'라고 검색하면 홈페이지에서 〔표1〕 화면을 볼 수 있다. 매뉴 중 카테고리 〉 수시 〉 모집 요강/서식을 클릭하면 〔표2〕의 세부 전형을 확인할 수 있다.

수험생 대부분은 이렇듯 〔표2〕와 같이 많은 전형이 존재한다는 것을 모른다. 수시 전형을 안다고 말하는 수험생조차 학생부교과전형, 학생부종합전형, 논술전형 정도 알고 있을 뿐, 학생부교과전형에 추천형과 활동우수형이 있다는 것까지는 잘 모른다.

마찬가지로, 정시를 준비하는 수험생도 전형에 대해서 잘 모른다. 정시에는 백분위 환산점수가 있는데, 학교, 학과마다 다르다. 그래서 꼭 직접 찾아봐야 한다. 내가 연세대학교

수능 성공 7단계 법칙

[표2] 연세대학교 세부 전형별 안내

의과대학을 지원할 때는 총 1,000점 만점 중, 국어 20%, 수학 30%, 영어 20%, 과학 30%를 차지하여 국어 200점, 수학 300점, 영어 200점, 과학 300점으로 수학과 과학은 1.5배씩 가산되어 환산점수에 반영되었다. 쉽게 설명하면 국어 영역 100점 맞으면 100점으로 취급되지만, 수학은 100점 맞으면 150점으로 취급한다는 뜻이다. 그래서 정시를 준비하는 나는 수학과 과학 점수가 높을수록 경쟁에서 유리했다.

카테고리 〉학교안내 〉전공 안내 〉의과대학을 클릭하면 의과대학 학장 인사말이 있다. 이를 통해 연세대학교 의과대학이 추구하는 바, 학교의 사명 및 교육 목표를 알 수 있다. 수험생은 이를 고려해서 자기소개서를 작성하거나, 개인 스펙을 미리 준비할 수 있다. 예를 들어, 고등학교 때 교육 목적

으로 병원을 탐방해 볼 수 있고 융합연구 또는 봉사 활동에
참여해 볼 수 있다.

입시에서 수능 성적이 50%라면, 나머지 50%는 지원전략이다.

마지막으로 다시 자신의 목표를 구체적으로 적어보자.

_____

_____

_____

_____

_____

수능 성공 7단계 법칙

Summary

1. 매일 5분씩 목표를 더 구체화해라. 목표가 구체적이지 않으면 불안함을 감지하는 '안테나'를 100% 활용할 수 없다.

2. 목표를 생생하게 만들어라. 그렇게 했을 때 더 높은 성적을 위해 끊임없이 더 노력하게 되고, 목표에 더 빠르게 도달할 수 있게 된다.

3. 자기 자신을 믿을 수 있을 만큼 노력하되, 7단계 법칙을 따라야 한다. 공식 없는 노력은 언제든 무너질 수 있는 모래성과 같다.

"

수험생 대부분은 자기가 아는 것만 공부한다.
자기가 아는 것만 계속 공부하면 발전이 없다.
공부하는 시간만 버리는 것이다.

_ 현우진
(수학 메가스터디 일타강사)

"

3장

2단계,
지금의 나를
생각하라

나의 위치는
어디쯤일까?

나의 등수가 어느 정도 위치에 있는지 확인해 본 적 있는가?

모의고사 성적표에 나온 표준점수, 백분위를 분석해 본 적 있는가?

수험 생활은 어떻게 보내고 있으며, 평소 어떤 생각을 하고 있는가?

여러 번의 과외와 상담을 하며 알게 된 점은, 내가 고등학교에 다니던 시절부터 지금까지 수험생들이 가진 생각의 틀이 크게 변하지 않았다는 점이다. 고등학교 1학년 때는 대부분 이렇게 생각한다. '아직 수능까지 3년이나 남았으니, 이제부터 열심히 하면 돼.' 1년이 지나 고등학교 2학년이 되면 '내년에 더 열심히 하면 좋은 대학 갈 수 있어'라고 다짐한다. 고등학교 3학년이 되면 초반에는 누구보다 열정적으로 공부에 매진하지만, 평가원 모의고사가 다가오면서부터 '이제 재수생도 함께 시험 보면 내 성적은 떨어지겠지'라고 걱정하기 시작한다.

그러는 한편, 수능이 가까워지면서 입시설명회나 교실 곳곳에 붙어있는 정시 배치표가 눈에 들어오기 시작한다. 그제야 수험생들은 친구나 인터넷에 정시 배치표를 보는 방법을 묻는다. 아이러니하게도 수능을 치르지 않는 부모님들은 정시 배치표를 이해하는데, 정작 수험생 본인은 배치표를 제대로 볼 줄 모른다. 만약 정시 배치표를 볼 줄 아는 수험생이라면, 정말 대단하다고 칭찬하고 싶다. 여태 정시 배치표를 볼 줄 몰랐다는 것은, 곧 자신이 어디에 위치하는지조차 모르고 있었다는 뜻이다. 그리고 이들은 시험이 끝나면 채점 후, 과목별 점수와 총점만 기억하고, 성적표가 나와도 제대로 분석하지 않고 그냥 가방 속에 넣어둔다.

이세라도 자신의 위치를 생각해 보자. 먼저, 다음 질문에 대해 5분간 고민한 후 간단히 적어보자.

수능 성공 7단계 법칙

1. 최근 3개 이상의 모의고사 성적표에서 과목별로 평균 백분위가 어떻게 되는가?

_____
_____
_____
_____

2. 현재 성적으로 갈 수 있는 대학과 학과는 어떻게 되는가?

_____
_____
_____
_____

3. 최근 1주일간 학습량을 유지한다면, 다음 시험 성적은 결과가 더 좋을 것으로 생각하는가? 그 이유는 무엇인가?

_____
_____
_____
_____

4. 부모님이 성적을 물어볼 때, 회피하는가? 아니면 자신 있게
　　말하는가?

_____

_____

_____

_____

5. 성적을 올리기 위해 어떤 고민을 했는가?

_____

_____

_____

_____

　질문에 답변하면서 어떤 생각이 들었는가? 수능 결과가 기
대되는가? 아니면 두려운가? 만약 스스로 '공부를 열심히 하
지 않았다'라고 느낀다면, 왜 열심히 하지 않았는가? 혹시 열
심히 했는데도 성적이 오르지 않았던 경험이 있는가? 그렇다
면 제대로 된 공부 방법을 몰라서 성적이 오르지 않은 것은
아닌가? 주변 상위권 수험생들과 비교했을 때, 정말 그들만큼
열심히 했는가?

사실 이 질문들은 매우 불편하다. 하지만 그 불편함이 어디서 오는지 정확히 파악하고 기억해야 한다. 그리고 자신의 부족한 점을 인정하고, 지금 나의 상태를 솔직하고 정확하게 파악하자. 우리는 이미 자신의 상태를 알고 있다. 단지 그것을 인정하기 싫어할 뿐이다. 자기 내면의 목소리에 조금만 더 집중해서 들어보자.

앞서 2장에서 우리는 목표를 생각하고 구체적으로 적어보았다. 이 과정에서 일부 수험생은 자기 자신의 부족함을 이미 인정하고 분석했을 것이고, 일부는 자신의 약점을 알아가기 시작했을 것이다. 아직 전혀 늦지 않았다. 지금이라도 현재 상태를 솔직하게 인정하고, 불편함을 느끼게 하는 요소들을 하나씩 고쳐나가면 된다. 자신의 위치를 정확히 알고, 제대로 된 공부 방법을 터득하면 성적 향상을 끌어낼 수 있는 가장 효율적인 공부를 할 수 있다. 지금부터라도 자신의 상태를 냉정하게 바라보고, 앞으로 나아가자.

To. 수능 성공을 원하는 수험생에게

당신이 전국 1등이 아닌 이상 누군가는 당신보다 한발 앞서 있을 것이다. 참고로 최근 수능 지원자 수는 대략 40~50만

명이다. 2025학년도 수능 지원자 수는 52만 명이다. 당신보다 앞서 있는 누군가는 적어도 하나는 남들보다 뛰어날 것이다. 내가 쉴 때 그들은 공부하고, 내가 단순히 오답 체크만 할 때 그들은 성적표까지 분석하고 있을 수도 있다.

의대에 입학해서 공부할 때도 마찬가지였다. 누군가는 전날 예습하고 수업을 열심히 들은 뒤 복습할 때, 누군가는 '시험 기간에 벼락치기 하면 되겠지'라고 생각하며 어제도 오늘도 논다.

결론을 말하자면 좋은 시험 점수를 받고 있다고 하더라도 전국에 수많은 수험생 중 몇 명은 당신보다 뛰어날 수 있다. 즉, 누군가는 나보다 앞서고 있다는 것을 항상 기억해라. 절대로 자만해서는 안 된다. 자신감은 갖되, 절대 자만하지 말고 끊임없이 노력해라.

방어기제를 활용하라

이제 자신의 위치를 파악했다면, 방어기제를 알아보고 어떻게 활용할지 배워보자. 먼저 방어기제가 무엇인지부터 알아보자. 방어기제란 '두렵거나 불쾌한 상황이나 욕구 불만에 직면하였을 때 자신을 보호하기 위하여 무의식적으로 취하는 적응 행위'를 말한다.

우리가 공부하거나 시험을 볼 때, 불편한 상황에서 마음의 평정을 찾기 위해 무의식적으로 스스로 부정했던 것들이 있을 것이다. 시험 결과가 좋지 않으면, 우리는 이를 직시하지 않고 핑계를 대거나 회피하며 부정하곤 한다. 예를 들어, 부모님이 "시험 잘 봤어?"라고 물으면 "아, 몰라. 나중에 얘기해", "오늘은 너무 졸려서 틀렸어", "이건 실수야, 원래 맞는 문제였어"라고 답하며 현실을 부정한다. 물론 자신 있게 "잘 봤다"라고 말하는 수험생도 있다. 수능 날에도 그렇게 말할 수 있기를 진심으로 바란다.

하지만 이렇게 우리는 인정하기 힘든 사실과 마주할 때, 자연스럽게 방어기제를 사용한다. 당신도 이런 경험이 있었다면, 당신이 자주 사용하는 방어기제는 무엇인가? 각자의 공부 습관이나 과목별로 작동하는 방어기제를 적어보자. 방어기제를 3개 이상 작성하는 것을 추천한다. 10분 동안은 집중해서 생각해보자.

──────────────────────────────

──────────────────────────────

──────────────────────────────

──────────────────────────────

To. 수능 성공을 원하는 수험생에게

방어기제를 작성하기 어려운 수험생들을 위해 방어기제 종류에 대해서 알아보자. 참고로, 방어기제는 프로이트의 정신분석학에서 유래했다. 자아가 원초아와 초자아를 조정하는 그 과정에서 원초아가 초자아보다 강해질 때 나오는 것이 방어기제라고 한다. 여러 종류의 방어기제가 있지만, 대표적인 7가지만 간단하게 설명하고 이를 참고해서 꼭 작성하길 바란다.

1. **자기합리화:** 자신이 겪은 상황이나 결과를 받아들일 수 없을 때, 이를 정당화하려고 다양한 이유를 찾는 심리
   ex) "오늘은 컨디션이 안 좋아서 못 봤어."

2. **부정:** 현실을 직면하기 힘들 때, 그 사실 자체를 아예 인정하지 않고 부인하는 심리
   ex) "이번 시험 점수는 원래 내 실력이 아니야."

3. **전위:** 자신이 느낀 불편한 감정을 다른 사람에게 분출하는 심리
   ex) "내가 오늘 시험을 못 본 이유는 엄마 때문이야."

4. **보상 심리:** 자신의 부족한 점이나 결함을 인식할 때, 다른 강점을 통해 보상하려는 심리
   ex) "난 국어를 못 하지만, 수학을 잘해."

5. **투사 심리:** 자신이 받아들이기 힘든 감정이나 책임을 타인에게 떠넘기거나 비난하려는 심리
   ex) "좋지 않은 성적표를 받고, 어려운 문제만을 내는 천재들만을 위한 수능은 불공평해."

6. **환상 심리:** 현실에서 겪는 불편한 상황을 외면하고, 자신이 바라는 미래를 상상하며 위안을 얻으려는 심리
   ex) "공부하지 않아도 난 운이 좋아서 수능은 잘 볼 거야."

7. **억압 심리:** 자신에게 불편한 감정과 기억을 무의식적으로 억누르고, 의식적으로 떠올리지 않으려는 심리
   ex) "성적표를 받았지만, 내 점수를 기억에서 지웠어."

만약 자신의 방어기제가 무엇인지 잘 모르겠다면, 과목별로 시험지 3개만 분석해 보자. 그동안 부족한 점을 인정하지 못하고 부정했던 자기 모습을 볼 수 있게 될 것이다. 방어기제를 파악하기 위해 몇 줄이라도 적어봤다면, 스스로 인정하는 불편함을 마주한 것이니 정말 칭찬해 주고 싶다. 인정하고 싶지 않은 생각을 글로 옮기는 일은 더 어려운 일이기 때문이다.

나는 시험이 끝나면 자기합리화, 부정, 그리고 전위라는 방어기제를 사용하곤 했다. 매번 같은 실수를 반복해서 틀려도, 그 원인을 컨디션 탓으로 돌렸다.(자기합리화) 시험 난이도로 인해 망치면, 출제자가 평가원 코드에 맞지 않게 출제했다고 생각했다.(부정) 반복되는 오답으로 받은 스트레스를 가족에게 화를 내며 그 감정을 풀었다.(전위) 많은 수험생이 나처럼 자기합리화를 자주 사용한다고 생각하고, 아마 다음 상황에 충분히 공감할 수 있을 것으로 생각한다.

'오늘은 피곤해서 평소에 잘 풀던 국어 보기 문항 몇 개 실수하고, 수학에서의 실수도 원래라면 충분히 생각할 수 있었던 개념이었어. 그리고 점심을 먹고 나니 피곤해서 평소에 잘 들리던 영어 듣기도 실수했는데, 다음에 컨디션 관리만 잘하면 다 맞을 것 같아.'

수능 성공 7단계 법칙

방어기제는 마치 나의 약점을 알려주는 빨간 신호등과 같다. 그 말은 즉, 이를 잘 파악하고 이용한다면, 방어기제가 올바른 공부를 할 수 있도록 이끌어주는 이정표 역할을 할 수 있다는 것이다. 빨간불을 통해 드러난 자신의 약점을 극복한다면 성적이 오르는 건 당연한 결과 아닐까? 그래서 나는 사실 방어기제를 오히려 긍정적으로 생각하고, 방어기제가 있다는 사실에 항상 감사함을 느낀다.

당신이 남들보다 한 발자국이라도 앞서려면, 방어기제를 통해 불편함을 숨기지 말고 정면으로 마주해야 한다. '나는 피곤해서 틀린 게 아니라 국어 보기 문항이 약하고, 준킬러로 활용할 수 있는 수학 개념을 잘 떠올리지 못하고, 집중력이 조금만 흐트러져도 영어 듣기를 잘하지 못하는구나'라고 솔직하게 자신의 상태를 말해보는 것이다.

수능에서 대박을 터뜨리는 수험생은 바로 이런 면에서 뛰어나다. 이들은 무작정 공부하지 않고, 자신의 약점을 강점으로 보완하고 강화하면서, 체계적으로 공부하기 때문에 시험 난이도와 상관없이 항상 자신의 실력을 그대로를 발휘할 수 있다. 앞에서 자신의 방어기제를 고민해 보고 적어봤다면, 이미 약점을 파악하는 첫 단계를 넘어선 것이다. 아직 자신이 어떤 방어기제를 사용하는지 잘 모르겠다면, '언제 내가 불편함을 느끼는가'를 먼저 떠올려보자. 그 순간이 바로 방어기제가 발동하는 순간이다. 그리고 그 부분을 자신의 약점이라고 솔직하게 인정하게 되면 남들보다 앞설 수 있을 것이다.

물론 말은 간단하지만, 실제로 적용하는 것은 어렵다. 나 역시 자기합리화가 나타날 때 나의 약점이라는 것을 받아들이고, 방어기제에서 벗어나기까지 6개월이나 걸렸다. 불편함을 마주하는 것이 두려워, 나는 틀릴 때마다 실수라고 생각하며 자기합리화에 빠졌고, 심지어 너무 쉬운 문제를 틀렸을 때는 맞았다고 자기를 속이며 동그라미를 친 적도 있었다. 하지만, 매번 시험이 끝날 때마다 '내가 왜 틀렸을까?'를 끊임없이 고민했다. 그러자 어느 순간부터 나의 부족한 부분이 보이고, 나의 부족한 실력이 인정되기 시작했다. 이때부터 내 성적도 점차 상승하기 시작했다. 나는 공부하는 법을 하나둘씩 깨닫기 시작하였고, 실수를 줄이며 시험장에서 이기는 싸움을 하기 시작하였다.

내가 수험생에게 가장 전하고 싶은 메시지가 바로 이것이다. '실수를 줄여 시험장에서 이기는 싸움을 하는 것.' 방어기제를 극복하려면, 우선 자신의 부족한 실력을 인정해야 한다. 그 과정이 오랜 시간 동안 불편할 수 있지만, 그 힘든 시간을 견뎌내면 당신의 성적은 이미 상승해 있을 것이다.

수능 성공 7단계 법칙

시험 당일,
어떻게 시간을 보내는가?

시험 당일 관련 내용은 〈7장. 6단계, 시험장에서 이기는 법〉, 〈8장. 7단계, 자신을 믿어라〉에서 자세히 다룰 예정이다. 현재 나의 상태를 파악한다는 점에서 〈3장. 2단계, 지금의 나를 생각하라〉와 조금 더 관련 있다고 생각되는 부분을 여기서 설명하겠다.

수험생 대부분은 시험장에서 자신이 어떤 모습을 보이고 어떻게 행동하는지 고민해 보지 않는다. 그저 시험이 종료된 후, 과목별 점수를 확인하고 틀린 문항에 대해서만 오답 체크를 하며 공부할 뿐이다. 여러 학생을 과외하고 상담하면서 상위권부터 하위권 학생들까지 다양하게 만나봤는데, 성적과 상관없이 오답 노트 정리를 열심히 하는 학생들은 많았다. 그러나 시험 당일에 자신이 시험장에서 어떻게 시간을 보냈고 어떻게 행동했는지에 대해 고민하는 수험생은 거의 보지 못했다. 일부 극소수의 수험생만이 이 부분을 고민하고 개선하려고 노력했으며, 이들은 끊임없이 성적이 오르고 높은 성적을 유지했다.

그렇다면 최근 시험 당일에 어떻게 하루를 보냈는지 생각해 보자! 꼭 작성해 보길 권한다.

✅ 시험 보기 전

_____

_____

_____

_____

✅ 시험시간 중

_____

_____

_____

_____

√ 쉬는 시간

_____

_____

_____

_____

√ 시험종료 후

_____

_____

_____

_____

내가 수능을 준비할 때의 예를 들어보겠다. 나는 평소 짧게 10분씩 여러 번 나누어 낮잠을 자면서 집중력을 높게 유지하려고 노력했지만, 시험 전날에는 숙면을 위해 낮잠을 피했다. 시험 당일 아침이 되면 간단한 식사와 함께 커피 한 잔을 마시고 학원에 갔다. 뛰어가면 가슴이 두근거려 불안함을 증폭시킬까 두려워 절대 뛰지 않았다. 그래서 항상 여유롭게 출발하고, 학원에 도착하면 평소에 정리했던 실수 노트(5장 참고)를 읽었다.

시험이 시작되면 나만의 문제 풀이 순서로 시험지를 풀고 페이스를 유지했다. 쉬는 시간이 되면 1~2분간 명상하며 나의 뇌가 다음 시험을 준비할 수 있는 상태로 만들었다. 시험 도중 화장실에 가면 시간도 버리고 흐름도 끊기기 때문에 쉬는 시간에 화장실을 꼭 다녀왔다. 쉬는 시간에 일부 학생들은 서로 답을 맞춰보면서 소란을 피우지만, 나는 정답이 나오기 전까지 서로 맞추어 보는 것은 의미 없다고 생각하고 이들의 말을 듣지 않기 위해 귀마개를 끼고 흔들림 없는 상태를 유지했다. 시험이 끝나면 저녁을 먹고 1시간 정도 휴식을 취한 뒤, 채점하고 왜 틀렸을지 분석했다.

시험 당일의 행동에 대한 정답은 없다. 모든 행동이 의도적으로 계획된 것이라면 모두 정답이다. 극단적인 예로 시험 도중 집중력을 높이려고 의도적으로 화장실에 갔다면, 그 또한 정답일 수 있다. 물론, 수능 당일에는 시험 도중 화장실을 가게 되면 문제 풀이 흐름을 깨거나 시간을 버릴 수 있으니 화장실을 가지 않아야 한다. 그래서 이런 나의 행동들을 점검하고 개선할 수 있도록 모의고사가 존재하는 것이다. 시험이 끝나면 우리는 어떤 마음가짐으로 어떤 행동을 했는지 파악해야 한다. 다시 한번 자신을 돌아보며, 적어도 다음 질문에 대해서는 꼭 답해보자. 앞선 질문에 대한 답변보다 더 구체적으로 적어보자.

수능 성공 7단계 법칙

1. 시험장에 도착하기 전, 도착한 후 어떻게 시간을 보냈는가?

_____

_____

_____

_____

_____

2. 시험 당일, 쉬는 시간 20분을 어떻게 활용했는가?

_____

_____

_____

_____

3. 과목별 시험시간을 어떻게 활용했는가?

_____

_____

_____

_____

_____

　　평소 생각해 본 적 없었던 질문이라 구체적으로 작성하기 어려울 것이다. 전혀 쓰지 못해도 괜찮다. 이 책을 체화하는 과정에서 자연스럽게 알게 될 것이다. 세 질문에 답했다면 마지막으로 하나만 더 생각해 보자.

4. 결과와 상관없이, 이번 시험은 스스로 계획한 대로 시험을 보았는가? 만족하는가?

_____

_____

_____

_____

_____

앞으로 모든 시험에 대해 이 4가지 질문에 대한 답을 기록해 보자. 이를 위해 아예 공책 한 권을 따로 준비하고 꾸준히 적어보자. 중요한 점은 반드시 시험 당일, 자신의 기억이 가장 생생할 때 기록해야 한다는 것이다. 시험이 끝나자마자 오답 체크부터 하는 학생도 있는데, 오답은 꼭 당일이 아니어도 체크할 수 있지만, 시험 당시의 생생한 기억은 그날이 아니면 남길 수 없다. 첫 교시 시험지를 받았을 때 어떤 생각이 들었는지, 쉬는 시간에 친구들이 정답에 관해 이야기할 때 어떤 기분이었는지, 그리고 어쩌면 시험장의 습도와 냄새까지도 모두 중요한 기록이 될 수 있다.

왜 많은 학원이 고3과 N수생을 대상으로 여러 차례 자체

모의고사 시험을 보게 하는 것일까? 실제 시험에서 느낄 수 있는 모든 생각과 감각을 느껴보게 하기 위함이다. 편한 분위기에서는 틀리지 않았을 문제를 시험 당일에는 왜 이 선지를 골라서 틀렸는지, 시험장에서 느꼈던 모든 감정들을 시험 당일에 꼭 돌이켜 곱씹어 보자. 이러한 귀중한 기억들은, 당신이 시험장에서 나오는 시점부터 흐릿해지기에 시험 당일에만 기록할 수 있다. 이 과정이 불편하고 자신의 부족한 모습을 인정하기 싫을 수 있다. 하지만, 이런 힘듦을 극복하는 순간들이 쌓여, 수능 당일에는 오히려 당신을 편안하게 만들어줄 것이다.

　당신이 시험 당일 어떻게 보냈는지를 솔직하게 마주하고 분석한다면, 나는 다음 단계에서 앞으로 시험시간을 어떻게 보내야 하는지를 구체적으로 알려주겠다. 일단 내가 제시한 방법을 따라 체화한 뒤, 자신에게 맞춰 변형해도 좋다. 당신은 충분히 할 수 있고, 수능 대박을 이루기에 충분한 인재이다.

Summary

1. 자신이 부족한 점들을 인정하고, 지금 자신의 위치와 현재 상태를 솔직하고 정확하게 파악해야 한다.

2. 방어기제는 나의 약점을 알려주는 빨간 신호등이다. 숨기지 말고 정면으로 마주해서 자신의 약점을 강점으로 보완해야 한다. 이렇게 방어기제를 잘 활용하면 시험장에서는 이기는 싸움을 할 수 있다.

3. 시험 당일 하루를 어떻게 보냈는지 기록해야 한다. 반드시 시험 당일 자신의 기억이 가장 생생할 때 기록해야 한다.

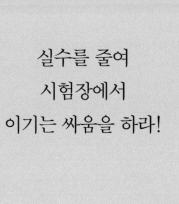

실수를 줄여
시험장에서
이기는 싸움을 하라!

가능하다고 생각하든,

불가능하다고 생각하든,

여러분은 옳다.

_ 헨리 포드
(포드 모터 창립자, 세계 최초로 자동차 대량 양산)

4장

3단계,
나만의
루틴을 만들어라

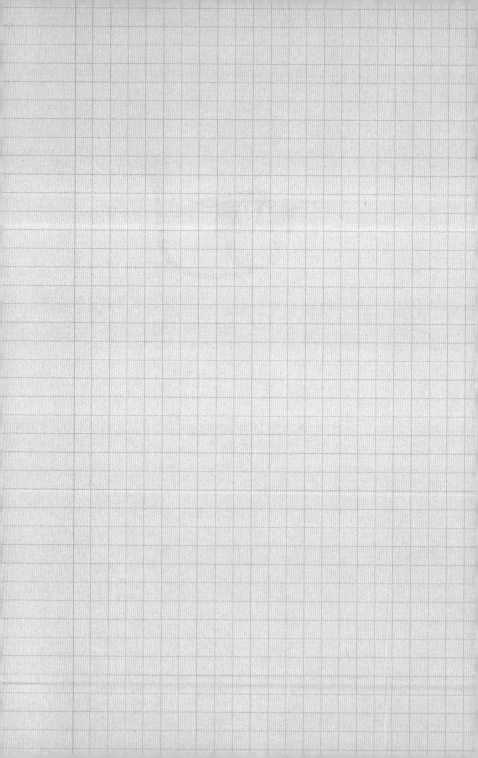

출제자의 의도를 읽어라?

'출제자의 의도를 읽어라!'라는 말을 학원이나 인강에서 수 없이 들어봤을 것이다. 하지만, 출제자의 의도를 어떻게 파악 하는지 알려주는 선생님은 많이 없다. 이제 막 분유를 뗀 아 기한테 밥을 먹으라고 하면서 숟가락질은 알려주지 않는 것 과 다를 바가 없다. 상위권이 아니라면 출제자의 의도를 알기 는 어렵다. 반대로 말하면, 출제자의 의도가 보인다면 상위권 이 될 수 있다는 말이다.

그럼, 출제자의 의도는 어떻게 파악할까? 상위권에 올라야 만 그 의도를 파악할 수 있을까? 그렇지 않다. 중요한 것은 출 제자의 의도를 파악하려는 '의지와 집중력'이다. 구체적인 해답을 원했다면 허무한 답일 수 있지만, 이 원리는 우리 뇌의 기본 특성에 기초하고 있다.

우리의 뇌는 우리가 집중하는 대상에 따라 시야를 조정하고 결정한다. 예를 들어, 우리는 피타고라스 정리를 배운 직후에는 직각 표시가 없어도 도형 속에서 직각을 찾으려고 노력한다. 마찬가지로, 출제자의 의도를 파악하려는 생각만 갖고 있어도 우리 뇌는 자연스럽게 문제를 출제자의 관점에서 바라보게 된다. 출제자가 어떤 의도로 이 문제를 냈는지, 어떤 부분에 함정을 숨겨 놓았는지, 또는 이 문제를 통해 무엇을 강조하고자 하는지를 무의식적으로 탐색하게 되는 것이다.

매일 공책에 '출제자의 의도를 읽자'라고 적어 두고, 공부할 때마다 '이 문제에서 출제자는 무엇을 묻고 싶었을까?'라는 질문을 꾸준히 던져라. 단 1주일만 지나도 당신의 문제 접근 방식이 어떻게 변했는지 스스로 느끼게 될 것이다. 나는 이렇게 공부하고 6월 평가원 모의고사 시험을 치를 때, 문제를 읽어내는 능력이 비약적으로 성장했다고 체감할 수 있었다. 다시 강조하지만, 출제자의 의도를 파악하는 건 배우는 것이 아니라, 파악하고자 하는 생각과 의지를 갖는 것에서 출발한다. 이제 어떻게 훈련해야 하는지 알아보자.

출제자의 의도를 파악하는 훈련을 위해 교육청이나 평가원 모의고사로 공부하는 걸 추천한다. 두 기관의 모의고사는 가장 객관적인 시선에서 명확한 기준을 갖고 출제되었으며, 어느 기관보다 명확한 해답을 제공해야 하기에 출제자의 의도가 지문과 해설에 명확히 드러나 있다.

반면, 사설 모의고사를 채점하면 도저히 이해가 안 되는 오답 문항들이 있다. 이런 문항들은 출제자의 의도가 불분명하므로 오히려 학습 방향을 흐리게 할 수 있다. 특히, 정답률이 5% 미만으로 수험생 95% 이상이 틀리는 킬러 문항들은 크게 두 가지 유형으로 나뉜다.

첫 번째는 출제자의 의도가 매우 정교하게 숨겨져 있어 수험생 대부분이 그 의도를 파악하지 못해 틀리는 경우로, 이런 문항은 퀄리티가 좋다고 할 수 있다. 반면 두 번째 유형은 출제자가 자신의 의도를 명확하게 전달하지 못해, 수험생들이 혼란을 겪고 실력을 발휘할 수 없는 경우다. 이는 문제의 질이 떨어지는 경우로, 안타깝게도 이러한 문항들이 사설 모의고사에서 자주 발견된다.

다소 벗어난 이야기지만, 만약 두 번째 유형의 문항이 수능에 출제된다면, 무슨 수를 써서라도 일단 맞아야 한다. 물론 출제될 확률이 매우 낮고, 출제된다고 하더라도 평가원은 이의 제기에서 자유롭지 않을 것이기에 복수정답 처리될 가능성이 크다. 그렇기에 보다 검증된 교육청이나 평가원 모의고사로 출제자의 의도를 파악하는 훈련을 하는 것이 바람직하다.

그런데 흥미로운 점은, 이렇게 객관적이지 않은 사설 모의고사에서도 재수생이 현역보다 더 정답률이 높은 경우가 많다는 것이다. 왜 그럴까? 재수생의 실력이 뛰어나서일까? 아니다. 재수생은 문제 풀이 경험이 많고, 다양한 문제를 접하면서 출제자의 의도를 파악하는 훈련이 더 많이 되어 있기 때문이다.

그렇다면, 문제 풀이 경험이 부족한 현역은 틀릴 수밖에 없는 걸까? 현역은 재수생보다 문제 풀이 경험이 적을 수밖에 없는 물리적인 한계를 갖고 있지만, 다행히도 경험의 부족을 극복할 방법이 있다. 그래서 재수생이 아니라고 좌절할 필요도 없고, 반대로 재수생이라고 자만해서도 안 된다. 다음과 같은 방법으로 출제자의 의도 파악을 훈련해 보자.

1. 틀린 문항뿐만 아니라, 맞은 문항도 오답을 정리한다.
2. 틀린 문항에 대해서 서로의 의견을 공유한다.

보통 오답 노트를 정리하면 자신이 틀린 문항만 확인한다.

물론, 틀린 문항만 제대로 분석해도 충분히 앞서갈 수 있다. 하지만 당신은 단순히 어느 정도의 성적을 받기 위해 이 책을 읽는 게 아니지 않은가? 오답 노트를 작성할 때, 추가로 다음 질문들에 대한 자신만의 생각을 적어보자

1. 왜 이 선지를 정답이라고 생각하고 골랐는가? 다른 선지도 함께 고민했다면 왜 최종 선택에서 제외했는가?

코멘트: '이 선지가 정답일 수밖에 없는 이유'를 명확히 설명하지 못한다면, 나는 맞았더라도 틀린 것과 다름없다고 생각한다. 정답의 근거를 찾지 못한다면, 문항이 조금만 응용되어도 틀릴 가능성은 기하급수적으로 증가한다. 정답의 근거를 찾는 훈련은, 수능 당일 선지 두 개 중 고민하고 있을 때 큰 도움이 될 것이다.

2. 출제자의 의도와 함정은 무엇일까? 많은 수험생이 함정에

빠질 선지는 무엇일까?

_____

_____

_____

_____

코멘트: 대다수 수험생이 고른 오답률 1위 선지는 반드시 그럴만한 이유가 있다. 특히, 중요한 개념을 포함했다면 출제자들이 제일 선호하는 유형으로 다시 출제될 가능성이 크다. 따라서 내가 맞춘 문제라도 오답률이 높은 선지는 반드시 분석해서 수능을 대비해야 한다. 또한, 함께 공부하는 친구가 틀렸다면 왜 그 선지를 선택했는지 물어보고, 서로의 생각을 나누며 다양한 관점을 공유하는 시간을 갖는 것이 좋다. 이는 문제를 바라보는 시각을 넓히는 좋은 기회가 되기 때문이다.

3. 시험마다 반복되는 개념이 무엇일까? 올해의 트렌드가 아닐까?

_____

_____

_____

_____

_____

코멘트: 여러 문제집을 풀어보는 것보다, 모의고사에 출제된 문항을 깊이 있게 분석하는 것이 더 효율적이다. 올해의 트렌드가 되는 개념 및 유형을 파악한다면, 이미 여러 문항을 푼 것과 다름없고, 실제 출제될 확률도 매우 높다. 특히, 6월과 9월 평가원 모의고사에서 유사한 유형이 반복해서 출제된다면, 수능에서도 출제될 가능성이 크니 반드시 그 개념을 완벽하게 이해하고 분석해 두어야 한다.

마지막으로, 과목별로 공부할 때 신경 써야 할 큰 틀을 정리하고, 그 틀 안에서 출제자의 의도를 파악하는 연습을 해보면 좋다. 국어와 영어 영역은 결국 언어 과목이기에 '주제'를 잡는 것이 핵심이다. 보기 문항이나 지문의 첫 부분 또는 마지막 부분에서 주제가 등장하는 경우가 많으며, 출제자는 그 주제를 기반으로 문항을 구성하므로 주제가 곧 정답의 기준이 된다.

반면, 수학과 과학 탐구 영역은 논리를 기반으로 하기에 '개념 숙지'가 무엇보다 중요하다. 해설지를 보면 어떤 개념을 바탕으로 문제가 출제되었는지 명확히 알 수 있는 경우가 많다. 예를 들어, '곱의 미분법을 이용하여 미분계수의 값을 구한다', '정적분과 미분의 관계를 활용한다', '운동량 보존의 법칙을 활용한다', '암석의 절대 연령을 이해한다', '우주 구성 요소를 이해한다' 등이다. 이렇게 해설지에는 출제자의 의도를 명확하게 집어주는 경우가 많으니, 이를 적극 공부에 활용하도록 하자.

이러한 방식으로 모의고사를 분석하다 보면 시험에 나오는 출제자의 의도는 생각보다 다양하지 않다는 것을 알게 될 것이다. 과목별로 출제자의 의도를 정리해 보면 대략 5페이지 이내에서 끝날 것이다.

체크 포인트는
위기에서 구해준다

다음 5장에서 배우게 될 '실수 노트'가 위기의 순간에서 벗어나게 해주는 도구라면, 이번 장에서 다룰 '체크 포인트'는 마라톤 경기에서 페이스메이커처럼 시험장에서 나를 지원해줄 도구이다. 체크 포인트는 내가 시험 중 어느 지점에 도달해 있는지 파악하는 데 도움을 주고, 평소와 비교해 적절한 속도로 문제를 풀고 있는지 확인할 수 있게 해준다. 혹시 다음과 같은 경험이 있는가?

1. 준킬러 한 문제를 풀 수 있을 것 같은 느낌을 계속 받아 시간을 많이 들였지만, 결국 풀지 못하고 넘겼다. 그로 인해

뒷부분의 문제들을 풀 시간이 부족했던 적이 있다.

2. 평소처럼 문제를 풀다가 중간에 시간을 확인하니 예상보다 시간이 많이 지나 있었다. 남아있는 시간에 압박감을 느껴 결국 후반에 실수를 많이 했던 적이 있다.

이와 비슷한 상황이 있다면 반드시 과목별로 자신의 문제 풀이 속도를 파악하고, 구간별로 시간을 체크하는 지점이 있어야 한다. 나는 이러한 지점을 '체크 포인트'라고 부른다. 잘 설정된 체크 포인트는 구간별로 시간을 사고파는 전략을 가능하게 해서, 시험시간 관리를 효율적으로 하게 해준다. 다만, 체크 포인트는 개개인별로 천차만별이니, 반드시 스스로 분석해 보고 모의고사를 통해 적용해 보아야 한다.

이해를 돕기 위해 국어 영역을 예로 들어보자. '언어와 매체'를 첫 번째 구간이라고 정하고 평균 15분 소요된다고 해보자. 만약 시험장에서 이 부분을 푸는 데 13분에 끝냈다면 평소보다 2분을 확보한 셈이다. 이 2분을 두 번째 구간에 할당해 여유롭게 풀거나 마지막에 가장 검토하고 싶은 문항에 시간을 투자해 볼 수 있다. 반대로 17분이 걸렸다면 2분을 잃은 것이다.

이때 가장 중요한 것은 평정심을 유지하는 것이다. 수능에서 평정심을 잃고 조바심을 내면 모든 것을 다 잃을 수 있다.

수능 성공 7단계 법칙

잃어버린 2분은 문학과 비문학에서 각각 1분씩 단축하면 된다. 만약 비문학에서 3지문이 나온다면, 각 지문에서 20초씩만 줄이면 된다. 이렇게 생각하는 순간, 침착하게 대응할 수 있다. 시험의 난이도에 따라 문제 풀이 속도가 영향을 받을 수 있다는 점은 안다. 하지만, 수능은 제한된 시간 안에 수험생이 풀 수 있도록 정교하게 설계된 시험이다. 지문 난이도가 높으면 문제 난이도가 낮고, 지문 난이도가 낮으면 문제 난이도가 높아지는 식이다. 따라서 시험 난이도와 상관없이, 당신은 자신만의 체크 포인트를 활용해 '킬러 문항을 위한 시간 확보'나 '검토 시간 확보' 같은 전략을 시험 중 세워, 제한된 시간 안에 충분히 해낼 수 있다.

　구체적으로 어떻게 체크 포인트를 설정하는지 수학 영역을 예로 들어보자. 나의 경우 1~14번 문항까지는 항상 막힘 없이 쉽게 풀었지만, 15~20번 문항은 계산량이 많아 시간이 많이 소요된다고 느꼈다. 그리고 킬러 문항을 제외한 22~28번 문항은 평이하게 풀 수 있었다. 이러한 경험을 바탕으로 나만의 체크 포인트를 설정했다. 다음 예시는 내가 직접 시험 본 2017학년도 수능을 기준으로 설명했으니, 현행 수학 영역의 문제 배치는 다를 수 있음을 참고하고, 반드시 개개인에게 맞는 방식으로 조절하기를 바란다.

체크 포인트 1 지점(1~14번)▶ 막힘없이 쉽게 풀이하는 구간

체크 포인트 2 지점(15~20번)▶ 계산량이 많고 시간이 더
소요되는 구간

체크 포인트 3 지점(21번)▶ 객관식 킬러 문항

체크 포인트 4 지점(22~28번)▶ 평이한 난이도의 주관식 문항

체크 포인트 5 지점(29~30번)▶ 주관식 킬러 문항

위와 같이 체크 포인트를 설정하고, 교육청, 평가원, 사설
모의고사를 풀 때마다 각 지점에 도달하는 시간을 기록했다.
나는 약 30회의 시험 데이터를 축적한 후 각 체크 포인트의
평균 시간을 계산했다. 이러한 평균 시간을 페이스메이커로
삼아 체크 포인트를 점검하면서, 문제 풀이 속도를 조정할 수
있었다. 이렇게 하면 남들처럼 시험시간에 내내 쫓기지 않고
오히려 시간을 내 편으로 만들어 자유롭게 활용하는 능력이
되는 것이다. 이제 체크 포인트를 구성하는 방법을 살펴보자.

√ **체크 포인트 구성**

1. 과목별로 문제를 푸는 순서를 정하고, 개인에게 맞는 체크

　　　　　　　　　　　수능 성공 7단계 법칙

포인트 지점을 정한다.

코멘트: 체크 포인트 지점은 가능하면 3~5개로 설정하는 것을 추천한다. 6개 이상이 되면 추가 시간을 확보했을 때 어느 구간에 분배할지 결정하기 어려워지고, 반대로 1~2개로 설정하면 너무 적어 시간을 사고파는 전략의 의미가 떨어질 수 있다.

코멘트: 앞에서 다룬 나의 수학 시험 예시처럼, 자신만의 기준을 만들어서 거기에 맞게 체크 포인트 지점을 정한다.

2. 최소 10회 이상의 모의고사를 풀고 체크 포인트 별로 평균 시간을 계산한다. 그리고 이 시간을 외워서 시험에 적용한다.

코멘트: 나는 수능 당일 오차를 최소화하기 위해 교육청, 평가원, 사설 모의고사 각각 10개씩 풀고 총 30회의 시험 데이터를 바탕으로 평균 시간을 계산했다.

3. 시험에 적용한 후, 필요에 따라 체크 포인트 지점을 수정한다. 만약 체크 포인트 지점을 수정했다면 다시 2 과정을 반복한다.

〈국어 영역〉

체크 포인트 지점	1회	2회	3회	4회	5회	6회	7회	8회	9회	10회
ex) 언어와 매체	10분									

〈수학 영역〉

체크 포인트 지점	1회	2회	3회	4회	5회	6회	7회	8회	9회	10회
ex) 1~14번	15분									

〈영어 영역〉

체크 포인트 지점	1회	2회	3회	4회	5회	6회	7회	8회	9회	10회

수능 성공 7단계 법칙

〈탐구 영역(과학/사회)〉

체크 포인트 지점	1회	2회	3회	4회	5회	6회	7회	8회	9회	10회

〈탐구 영역(과학/사회)〉

체크 포인트 지점	1회	2회	3회	4회	5회	6회	7회	8회	9회	10회

마라톤 경기를 생각해보자. 페이스메이커의 역할은 선수들이 오버페이스하지 않고 자신의 평소 페이스를 유지할 수 있도록 도와주어, 최상의 경기 결과를 끌어내는 것이다.

수능도 마찬가지다. 수능 당일은 누구나 긴장하고, 큰 시험이기에 한 문제라도 더 맞히고자 하는 욕심이 생기기 마련이다. 그래서 체크 포인트를 페이스메이커로 삼아 도움을 받아야 한다. 체크 포인트는 단순히 문제를 얼마나 빨리 푸는지를 확인하기 위한 것이 아니다. 시험장에서 내가 평소와 비교해서 오버페이스로 문제를 풀지 않게 하고, 전략적으로 시간을 배분하게 도와준다. 또한, 수능 당일에는 예상치 못한 다양한 위기 상황이 닥칠 것이다. 이때 자신의 평균적인 문제 풀이 속도를 알고 있다면 어떤 상황이 펼쳐져도 당황하지 않고 흔들림 없이 앞으로 나아가 좋은 성적을 거둘 수 있을 것이다.

뻔한 노력 말고
똑똑한 노력을 해라

일부 수험생들은 이렇게 말하곤 한다.

"아무리 노력해도 성적이 안 올라가요. 달라지는 게 없어요."

하지만 나는 이런 경우, 뻔하게 노력하기 때문에 성적이 올라가지 못한다고 생각한다. 여기서 말하는 '뻔한 노력'이란, 어느 정도 인정할 만큼의 노력이다. 남들이 보기에 평균 정도의 노력이나 자기 기준에만 노력한다면 성적이 달라지지 않는 것은 당연하다고 생각한다. 단순히 많은 시간을 공부에 투자한다고 해서 성적이 오르는 것도 아니다. 정말 중요한 것은 '똑똑한 노력'을 하는 것이다. 똑똑한 노력만이 우리를 원하는 목표에 도달하게 해준다.

당신이 진정으로 변화를 원한다면, 7단계 법칙을 자신의 것으로 완전하게 흡수해 '효율적인 노력'을 하는 것이 필수적이다. 노력에도 두 가지 방식이 있다.

첫 번째는 우리가 흔히 알고 있는 것처럼 학습 시간을 늘리는 것이다. 물론, 더 많이 공부하는 수험생이 더 좋은 성적을 받을 가능성이 크다. 그러나 이 방식은 어느 순간, 더 이상의 성적 향상이 어려운 정체기에 부딪힐 수 있다. 공부 시간을 늘리면 체력과 컨디션이 나빠지고, 컨디션을 지키기 위해 공부 시간을 그대로 유지하면 성적도 더이상 오르지 않는 상황이 찾아오기 때문이다.

두 번째 방식은, 남들이 놓치고 있는 공부 외적인 부분을 전략적으로 관리하는 것이다. 물론, 일정 수준 이상의 공부 시간과 노력은 필수다. 여기서 말하는 공부 외적인 부분이란, 최대한의 노력을 하고 있지만, 성적이 정체된 수험생들이 더 높은 성과를 내기 위한 추가적인 전략을 뜻한다. 내 경험을 예로 들면, 나는 시험장에서 나의 성적에 영향을 미친 외적인 요소들을 분석했다. 그 결과 크게 4가지 문제를 발견했다.

1. 국어 시험 시작 직후, 긴장감이 최고조에 달했다. 때문에 지문 속 글자가 눈에 잘 들어오지 않고 내용이 머릿속에 제대

로 입력되지 않았다.

2. 시험 쉬는 시간마다 커피를 마셨더니, 수학 시험이 끝나기 30분 전부터 화장실에 가고 싶어 집중력이 흐트러졌다.

3. 점심을 먹고 영어 시험 시작 40분쯤 지나면 극도로 피로가 몰려와 집중력이 급격히 떨어졌다.

4. 두 번째 과학 영역 시험을 풀 때 '이제 마지막'이라는 생각에 긴장이 풀렸다.

이처럼 나는 성적에 영향을 준 공부 외적인 요소들을 파악하고 다음과 같은 방법으로 문제를 해결했다. 나와 비슷한 경험이 있었다면, 당신은 어떻게 개선할 수 있을지 한번 깊이 생각해보자.

1. 국어 시험 시작 직후, 긴장감이 최고조에 달했다. 때문에 지문 속 글자가 눈에 잘 들어오지 않고 내용이 머릿속에 제대로 입력되지 않았다.

– 나는 글자가 눈에 들어오지 않고 내용이 머릿속에 들어오지 않는 상황에서도, 문제를 정확히 풀어낼 수 있는 능력을 키우고 싶었다. 이 능력만 키운다면, 긴장되는 시험 상황에서도 나만의 페이스대로 문제를 풀어갈 수 있고, 멘탈이 흔

들리지 않을 수 있다고 생각했다.

그래서 기상 시간을 6시 30분에서 5시로 앞당겼고, 일어나 자마자 국어 모의고사 두 세트를 연속으로 풀고 재수학원에 갔다. 모의고사 두 세트를 연달아 풀고 한 번에 채점했다. 등원 시간이 애매할 때는 중간에 시험을 중단해야 했지만 5시보다 더 일찍 일어나면 컨디션이 나빠져 그 이상으로 일찍 일어나지는 않았다.

– 첫 번째 모의고사는 비교적 어렵다는 사설 모의고사를, 두 번째 모의고사는 평가원이나 교육청 모의고사를 선택했다. 특히 졸린 상태에서 어려운 사설 모의고사를 풀게 되니, 글자가 눈에서 튕기는 상황을 체험할 수 있었다. 그래서 집중하려고 평소보다 과한 에너지를 쏟아야 했고, 이는 바로 이어서 풀게 되는 평가원이나 교육청 모의고사에도 영향을 주었다.

이미 여러 번 풀어본 익숙한 모의고사였음에도 불구하고, 집중력이 떨어진 상태에서 풀었더니 사설 모의고사와 마찬가지로 글자가 눈에 잘 들어오지 않는 느낌을 받았다. 이렇게 공부하자, 평소에는 하지 않던 실수들을 연속으로 했다. 이것으로 내가 경험했던 수능 날 1교시와 비슷한 느낌을 만들 수 있어서 굉장히 만족스러웠다.

– 나는 이런 과정을 통해 실수를 유발하는 요인들을 분석했다. 단순히 오답 분석만 하지 않고, 어떤 상황이 실수를 유발했는지 정확하게 파악하고 개선했다. 예를 들어, 이전 문항이 어려워 고민이 길어지면, 그 문항이 잔상으로 남아 다음 문제에 온전히 집중하지 못하고 틀리는 경우가 있었다. 또한, 고도로 긴장된 상태에서도 잘 풀리는 파트와 그렇지 않은 파트가 있다는 것도 깨닫고, 이를 분석하였다. 이 방법으로 3개월간 공부했다. 그랬더니, 나는 수능 날 최고조의 긴장 상태에서 글자가 눈에서 튕기고, 내용이 머릿속으로 잘 들어오지 않는 느낌을 여전히 받았지만, 흔들림 없이 평소처럼 풀고 정답률을 유지할 수 있었다. 그 결과 2017학년도 수능 국어 영역에서 '진짜 도저히 모르겠다'라고 느낀 두 문항을 제외하고, 단 하나의 실수 없이 모든 문제를 맞힐 수 있었다.

2. 시험 쉬는 시간마다 커피를 마셨더니, 수학 시험이 끝나기 30분 전부터 화장실을 가고 싶어 집중력이 흐트러졌다.
   – 나는 평소 공부할 때 커피를 마시지 않으면 집중력이 떨어진다고 느껴 항상 아이스 아메리카노를 마셨다. 그래서 수능 날에도 평소와 다름없이 커피를 마셔야겠다고 생각했

고, 내 몸이 그 상황에 적응할 수 있도록 매일 정해진 시간에 커피 한 잔을 마시는 습관을 들였다. 모의고사 시험이 있는 날도 같은 루틴을 유지했다. 그런데 시험을 분석해 보니, 커피의 이뇨작용 때문에 시험 중간에 화장실을 가고 싶다는 생각이 들었고, 그 순간에 집중력이 흐트러지면서 실수가 잦아진다는 사실을 알게 되었다.

이를 해결하기 위해 나는 매일 커피의 양과 커피 종류를 달리하며, 시험 중간에 화장실을 가고 싶다는 생각이 들지 않도록, 나에게 최적화된 양을 찾아내는 실험을 반복했다. 그렇게 해서 나는 국어 시험 직전에 TOP더블랙 한 캔을 원샷하면 국어 시험이 끝난 직후 화장실이 가고 싶어졌고, 수학 시험이 끝난 후 한 번 더 가고 싶어지는 일정한 나의 신체 패턴을 파악하게 되었다.

– 상담할 때 이 경험을 들려주면 몇몇 과외생들은 "정말 이렇게까지 해야 하나요?"라고 묻곤 했다. 나는 그때 이렇게 되물었다. "수능 날 시험 중간에, 화장실에 가고 싶지 않을 거라고 확신할 수 있나요?" 수능은 작은 변수 하나가 전체 결과에 큰 영향을 미칠 수 있는 시험이다. 그러니 자신의 몸이 수능 날 상황과 똑같은 환경에 적응할 수 있도록 매일 훈련하여, 궁극적으로 평소처럼 느껴지도록 준비해야 한다.

3. 점심을 먹고 영어 영역 시험 시작 40분쯤 지나면 극도로 피로가 몰려와 집중력이 급격히 떨어졌다.

- 누구나 식곤증을 겪는다. 특히 수능 날에는 오전에 국어와 수학 시험으로 인해 이미 많은 에너지를 소모했기 때문에 점심을 먹고 나면 더 큰 피로감이 몰려온다. 그러나 점심을 안 먹을 수는 없다. 과학적으로 뇌는 포도당을 에너지원으로 사용하기 때문에, 탄수화물을 섭취하지 않으면 최상의 상태로 뇌를 사용할 수 없기 때문이다.

- 나는 이런 점을 고려해 식곤증과 에너지 보충이라는 두 가지 요소를 균형 있게 맞추기로 계획했다. 점심을 조금만 먹어 식곤증을 줄이는 동시에, 부족한 에너지는 초콜릿으로 보충하는 전략을 세웠다. 이를 위해 어느 시점에, 어떤 브랜드의 초콜릿을 얼마나 먹을지를 다양한 실험을 통해 나에게 최적화된 양을 찾아냈다.

4. 두 번째 과학 영역 시험을 풀 때 '이제 마지막'이라는 생각에 긴장이 풀렸다.

- 이 문제는 가장 해결하기 어려웠다. 시험 날에는 평소보다 훨씬 더 많은 집중력과 에너지를 쏟아붓기 때문에, 특히 과학 시험 두 번째 과목을 풀 때는 정신적으로나 신체적으

로 지칠 수밖에 없다. 그래서 나는 '집중력을 더 높이는 것'을 목표로 삼지 않고, '집중력이 더 떨어지지 않도록 유지하는 것'을 목표로 세웠다. 이를 위해 과학 시험 직전 쉬는 시간에는 최대한 많은 양의 초콜릿을 먹어 에너지를 보충했다. 또한, 마인드 컨트롤을 통해 최대한 안정감 있는 환경을 만들려고도 노력했다.

상담할 때 이 경험을 들려주자 "이건 너무한 것 같아요"라고 말했던 과외생도 있었다. 반복해서 말하지만, 수능에서 남과 똑같은 노력을 하면 결코 성공할 수 없다. 수능 성적은 결국 디테일에서 결정된다. 내 신체 패턴과 취약성을 얼마나 디테일하게 파악하고, 그 약점을 보완하기 위해 얼마나 구체적인 전략을 세웠느냐가 시험장에서의 멘탈과 컨디션을 결정한다.

수능 고득점을 목표로 한다면 이렇게 예상할 수 있는 모든 상황에 미리 대비해야 한다. 단순히 열심히 공부하는 것을 넘어, 시험 날 최상의 컨디션을 유지할 수 있는 전략을 세우는 것이야말로 진정한 '똑똑한 노력'이다.

지금까지 내가 시험장에서 겪었던 문제들과 그에 따른 나만의 해결책을 설명했다. 이제 당신도 시험장에서 겪었던 문제점을 떠올려보고, 10분 정도는 고민하고 4가지 이상의 문제를 적어보자.

_____

_____

_____

_____

    이제 자신의 문제점에 대한 해결책을 고민해 보자. 이 해결책은 또 하나의 수능 전략이 될 수 있다. 지금 당장 뾰족한 방법이 떠오르지 않더라도 걱정할 필요 없다. 잘 모르겠다면 내가 해결했었던 방식을 참고하면서 천천히 생각해보면 된다.

    일단 문제를 의식하게 된 이상, 큰 첫걸음을 내디딘 셈이다. 당신의 관심과 시선은 자연스럽게 해결 방법으로 향하게 될 것이고, 결국 자신에게 딱 맞는 방법을 찾아낼 수 있을 것이다. 어떤 것이 가장 효과적일지는 여러 번 시도하고 피드백을 받으며 다듬어가는 과정에서 점점 발전하게 될 것이다.

    당신은 충분히 해낼 수 있을 거라고 믿는다. 자신의 상황에 맞는 방법을 찾아내고 전략적으로 시험을 준비해 나간다면, 지금까지와는 다른 성과를 거둘 수 있다.

Summary

1. 매일 공책에 '출제자의 의도를 읽자'라고 적어두고, 공부할 때마다 '이 문제에서 출제자는 무엇을 묻고 싶었을까?'라는 질문을 꾸준히 던져라.

2. 체크 포인트를 페이스메이커로 삼아 문제 풀이 속도를 조정하고, 시험장에서의 시간을 내 편으로 만들어라.

3. 남들이 잘 신경 쓰지 않는 공부 외적인 부분을 전략적으로 관리하는 것이야말로 진정한 '똑똑한 노력'이다. '똑똑한 노력'만이 우리를 원하는 목표에 도달하게 해준다.

수능에서 남과 똑같은 노력을 하면
결코 성공할 수 없다.
수능 성적은 결국
디테일에서 결정된다.

"

실수는 누구나 할 수 있다.
그러나 같은 실수를 반복하는 것은
어리석음이다.

_마르쿠스 툴리우스 키케로
(철학자)

"

5장

4단계,
실수를
용납하지 마라

실수의 늪에 빠졌다면

공부할 때, 우리는 언제 실수할까? 사실 실수는 매 순간 일어난다. 문제집을 풀고 채점할 때 그리고 시험이 끝나고 집에서 채점할 때, 우리는 자신이 저지른 실수들을 뒤늦게 발견한다. 문제를 잘못 읽어서, 숫자를 잘못 봐서, 옳지 않은 것을 골라야 하는데 옳은 것을 고르는 실수 등, 다양한 유형의 실수가 반복적으로 나타난다. 왜 우리는 매번 같은 실수를 반복할까? 왜 우리는 이런 실수를 할까? 과외생들은 하나같이 이렇게 답했다. "잠깐 집중력이 흐트러져서 그랬던 거예요", "너무 졸려서 문제를 잘못 봤어요", "저는 맞았다고 생각하는데 이 문제 자체가 이상해요."

〈3장. 2단계, 지금의 나를 생각하라〉에서 이야기했듯이, 우리는 자기합리화라는 방어기제를 자주 사용한다. 시험 문제를 채점하면서 동시에, 우리 뇌는 본능적으로 실수에 대한 자기합리화를 준비하고 있다. 하지만 중요한 것은 수능 시험이 끝난 후, 실수로 틀린 문항들에 대해 자기합리화를 늘어놓아도 아무도 들어주지 않는다는 사실이다. 즉, 수능 성적표는 개인의 변명을 들어주지 않는다. 결국, 시험장에서 실수로 틀린 문제들은 모두 자신이 책임져야 한다.

따라서 실수가 발생했을 때 방어기제를 펼치는 것이 아니라, 왜 실수했는지 면밀하게 분석해야 한다. 다만, 만약 자기합리화를 자신감의 향상으로 활용할 수만 있다면 도움이 될 수 있다. 예를 들어 '이번에는 컨디션이 좋지 않아서 틀렸지만, 다음 시험에서는 꼭 맞을 거야'라는 생각으로 자신감을 얻고, 이를 학습 동기부여로 만든다면 말이다.

하지만, 내가 가르쳤던 몇몇 과외생들은 자기합리화를 하면서도 "다음번에도 또 틀리겠죠?"라고 부정적으로 생각했었다. 이렇게 자신의 한계를 미리 정해버리면 그 한계를 극복하기란 쉽지 않다. 혹시라도 당신이 방어기제를 부정적인 생각과 연결 지었다면 그 고리를 끊어내고, 긍정적인 결과와 연결하는 연습이 필요하다.

실수도 실력이다

'실수도 실력이다.' 수많은 선생님과 부모님들이 공감하는 동시에 가장 많이 하는 말 중 하나다. 수험생들은 어떻게 생각하는지 묻고 싶다. 혹시 다음과 같이 생각하지는 않았는가?

'(남들에게는) 맞는 말이야. 하지만, 나에게 실수란 원래 맞출 수 있었던 문제야.'

예를 들어, 나의 경쟁자가 실수로 문제를 틀렸다고 말한다면, 우리는 속으로 '그건 너의 실력이야'라고 생각한다. 실제로 우리는 자신에게 관대하고 남에게 엄격하다. 우리는 상대방이 실수로 틀렸다는 말을 인정하지 않으면서, 정작 내가 틀린 경우, '오늘 컨디션이 나빠서 그래. 평소였다면 맞았어. 이건 단순한 실수야'라고 착각한다. 하지만 앞서 말했듯이, 수능 성적표는 개인의 변명을 들어주지 않는다. 실수로 틀린 문제도 자신이 책임져야 할 몫이다. 수능 날 컨디션이 좋을 거라는 보장도 없으며, 대학 입시에서 실수를 고려해서 합격을 시켜주지 않는다. 대학교는 오로지 성적표로만 수험생들의 실력을 판단한다. 만약 실수로 국어 60점을 맞았다면, 학교는 국어 60점의 실력으로 당신을 평가한다. 그래서 '실수가 실력이다'라는 말이 생긴 것이다.

그렇다면 실수를 줄이면 어떻게 될까? 좋은 수능 성적을 받고, 원하는 대학에 합격할 가능성이 커진다. 그래서 수험생이라면, 수능에서 성공하기 위해 반드시 실수를 줄여야만 한다. 실수를 줄이는 방법은 여러 가지가 있다. 대표적으로 다多회독을 통한 복습으로 실수를 줄일 수 있고, 평가원이나 교육청 모의고사뿐만 아니라 사설 모의고사, 학원 모의고사 등 다양한 시험 경험을 통해서도 줄일 수 있다. 개인적으로 여러 방법을 시도해 봤지만, 나에게 가장 효과적이었고, 과외생들에게도 큰 도움이 되었던 방법은 바로 '실수 노트'를 작성하는 것이었다.

To. 수능 성공을 원하는 수험생에게

우리는 부모님께 "실수도 성적이야"라는 말을 들을 때, 종종 화가 나거나 듣기 싫다고 느낄 때가 있다. 나 역시 그랬다.

첫 번째 이유는, 우리 생각에 부모님은 현행 수능에 대해 잘 모른다고 생각하고, 그저 잔소리한다고 느끼기 때문이다. 하지만, 사실은 그렇지 않다. 부모님들은 생각보다 현 수능에 대해 잘 알고 있다. 오로지 자녀의 성공을 위해 모든 상담 내용을 경청하고, 궁금한 점을 물어보며 적극적으로 정보를 얻으려고 한다. 또한, 입시 설명회에 수없이 참석한 부모님 중에는 대학 입시와 현 수능 트렌드에 대해 전문가 수준으로 빠삭하게 아는 경우도 많다.

두 번째 이유는, 우리의 자동반사적인 자기합리화 때문이다. 앞서 3장에서 설명했으니 언급만 하고 넘어가겠다. 자기합리화는 지극히 정상적인 반응이고 잘못된 반응은 아니다. 다만, 인정하고 고쳐야 한다.

마지막 이유는, 부모님의 '실수도 성적이다'라는 진심 어린 조언이 단순한 잔소리로 들리기 때문이다. 학교와 학원은 우리에게 자신감을 잃지 않게 하려고, 혹은 수험생들과의 관계 악화를 피하고자 부모님만큼 진심 어린 말을 해주지 않는다. 학교와 학원은 모두 개개인의 성적보다 전체적인 대학 실적이 중요하기 때문이다. 즉, 누가 고득점자가 되는지는 관심이 없고, 고득점자가 몇 명인지에 관심을 둘 뿐이다. 하지만 부모님은 오직 나 하나만을 생각한다. 부모님이 '실수도 실력이다'라고 말씀하실 때, 단순한 잔소리로 치부하기보다는 그 안에 담긴 진심을 한 번쯤 헤아려 보면 어떨까?

오답 노트가 아닌,
실수 노트를 만들어라

우리는 시험장에 들어가기 전, 여러 가지 이유로 불안감을 느끼곤 한다. 특히 '또 문제를 잘못 읽어서 틀리면 어떡하지?', '계산을 또 실수하면 어떡하지?'와 같이 이전에 했던 실수들이 떠오르며 불안감이 밀려오는 경우가 많다. 이런 불안을 떨치고 시험장에서 평정심을 유지하기 위해서는 '실수 노트'를 만드는 것이 꼭 필요하다. 오답 노트는 익숙하지만, 실수 노트는 다소 생소하게 느껴질 것이다. 이제부터 실수 노트가 무엇인지, 그리고 어떻게 작성해야 하는지 함께 알아보자.

실수 노트란, '왜 틀렸는지'에 대한 이유를 분석하고, 실수에 영향을 미친 상황을 파악한 후, 같은 실수를 반복하지 않기 위해 해결책을 구체적으로 적어두는 것이다.

먼저, 실수 노트를 만들기 위해서는 평소 자신이 어떤 실수를 반복하는지 분석해야 한다. 이를 위해 최근에 본 모의고사 3회분이나 문제집 2권 정도를 준비해, 틀린 문제들을 중심으로 살펴보자. 실수로 틀린 문제들을 체크 해보면 자신만의 실수 패턴을 찾아낼 수 있다. 대부분 같은 유형의 문제에서 반복적으로 실수하기 때문이다. 실수 패턴을 찾아냈다면, 이제 본격적으로 실수 노트를 작성해보자. 이해를 돕기 위해 내가 했던 예시와 함께 설명하겠다.

참고로 나는 과외생들에게 항상 실수 노트를 작성하게 했다. 실수 노트의 큰 틀을 유지한 채, 각 학생의 특성에 맞게 조금씩 변형하여 적용해서 실력을 쌓게 했다. 그리고 이 학생들은 대부분 원하는 대학에 진학했다. 물론 모든 학생이 이 방법을 따르진 않았다. 끝까지 실수 노트를 작성하지 않았던 학생도 있었다. 안타깝게도 수능 후 연락이 끊겨 정확한 결과는 모르지만, 아마도 결과가 안 좋았을 것으로 짐작한다.

✔️ 실수 노트 작성법

참고로 가장 스탠다드한 방식이니 체화 후, 자신에게 잘 맞

도록 변형하는 것도 좋다. (부록_실수 노트 양식 참고)

1. 과목별로 노트 1권을 준비한다.

 - 나는 국어, 영어, 수학, 화학, 지구과학 총 5개 노트를 준비했다.

2. 문제집과 시험지에서 틀린 문항을 해설지와 함께 검토한다.

 - 틀린 문항들에서 실수 패턴을 찾아야 한다. 특히, 같은 유형의 문제를 반복적으로 틀렸다면 철저히 분석해야 한다.

3. 문항별로 실수한 내용을 1~2줄로 요약한다.

 - 참고로, 생각보다 사소한 실수가 치명적으로 작용한 경우가 많다. 예를 들어, 나는 '옳지 못한 것은'을 '옳은 것은'이라고 잘못 보거나, 수학에서 '+'기호를 '-'로 잘못 보는 경우가 많았다.

4. 실수를 줄이기 위해서 어떤 방법이 있을지 고민한다.

 - 예를 들어 '진위판정 문제는 도형으로 나타내자'라고 노트에 적었다. 그래서 '옳지 못한 것은'에 'X' 표시를 하고, '옳은 것은'에 'O' 표시를 도형으로 가시화했다. 수학의 경우 '계산량이 많아진다고 느껴지면 속도를 줄이자'라고 노트에

적었다. 그래서 계산량이 많은 문항에서는 풀이 속도를 늦추고, 시험지 여백을 체계적으로 활용하고자 했다. 참고로, 나는 계산식을 휘갈겨 쓰거나 눈에 보이는 아무 여백에다 문제를 풀면 실수가 2배 이상 늘어나는 경향이 있었다.

5. 실수를 확인할 때마다 노트에 추가 기록하고, 중복되는 경우 몇 번 반복되는지 체크한다.

6. 일주일 중 하루를 정해서 실수 노트를 정리한다. 정리 방식은 (a) 높은 빈도로 나타나는 실수는 우선순위로 올리고, (b) 낮은 빈도로 나타나는 실수는 지우는 것으로 한다
- 매일 정리해도 좋지만, 실수 데이터들이 어느 정도 축적되어 있을 때 정리하는 것이 효율적이어서, 주 1회 하는 것을 추천한다. 시험 전날/해당일 실수 노트를 활용해야 하므로, 반드시 정리하기를 바란다.
- (b)의 경우, 한 달 동안 더 반복되지 않는 실수는 과감히 삭제해서 적정량 이상으로 실수 노트가 불어나지 않게 하는 것을 추천한다. 너무 양이 많아지면 수능 날 쉬는 시간에 보기 어렵기 때문이다. 추가로 빈도에 따라 정리해 두면 쉬는 시간에 혹여나 다 보지 못하더라도 심리적으로 안정감을 느

끼고 시험에 집중할 수 있다. 뒤쪽에 정리된 실수 유형들은 빈도가 낮아 실수할 가능성이 적고, 출제될 확률도 낮다.

- 총 분량은 시험 전, 쉬는 시간 15분 안에 빠르게 훑을 수 있도록 적절한 수준을 유지해야 한다. 우리의 목표는 수능 날, 과목별로 실수 노트를 A4용지 기준 2페이지 이하로 만들어 가져가는 것이다. 나는 특히 국어가 약해서 실수가 많았다. 수능 날 최종적으로 국어는 63개의 실수 유형으로 정리되었고, 2페이지가 꽉 찼다.

7. 매일 아침 혹은 모의고사 시험 전날/해당일에 실수 노트를 정독한다.

- 시험장에서 실수를 유발할 수 있는 상황을 마주했을 때, 자연스럽게 내가 어떤 실수를 또 반복하려 하는지 인식하고, 이를 알아차린 순간 즉시 대응할 수 있도록 실수 노트를 다회독하여 머릿속에 세뇌해 놓아야 한다. 수없이 정독해 실수 노트의 항목들을 체화한다면, 시험장에서 지친 뇌에 큰 부담을 주지 않으면서도 동시에 실수를 방지하는 최고의 지침서가 되어줄 것이다. 문제를 풀면서 자신도 모르게 발생하는 실수를 방지하게 되는 것이다.

- 실제로 나는 수능 날, 국어 시험에서 '또 시간 없다고 보

〈화학 실수 노트〉 수능 시험장에 들고 갈 최종본으로, 해결책만을 적었다.

기를 제대로 안 읽네'라는 생각이 자동으로 떠오르면서 실수를 방지할 수 있었다. 수학 시험에서는 '29번 킬러 문항은 계산량이 많을 것 같은데, 처음부터 넓은 여백에 풀자'라고 의식적으로 생각하고 실수를 예방했다. 마지막 시험인 과학탐구는 집중력이 떨어지는 느낌을 받음과 동시에 '어? 나 이때 실수 많이 했는데'라는 생각이 떠오르면서 의식적으로 집중력을 끌어올려 실수하지 않을 수 있었다. 이 모든 건 실수 노트에 적혀 있던 그동안의 나의 경험 덕분이었다.

특히, 실수 노트를 1주일에 한 번 정리하는 것은 궁극적으로 수능 날을 대비하기 위한 것이다. 일부 수험생들은 수능 고사장에 어떤 책을 가져갈지 고민한다. 그동안 공부했던 개념서, 문제집, 시험지, 정리 노트 등 여러 자료 중 하나를 선택해 쉬는 시간에 볼 계획을 세운다. N수생이면 공감하겠지만, 수능 날 쉬는 시간에 개념서나 문제집을 보는 것은 아무 쓸모가 없다. 어차피 눈에 들어오지도 않을뿐더러, 설령 들어온다고 해도 대략 15분이라는 짧은 쉬는 시간에 200~300쪽에 육박하는 문제집을 훑어보는 것은 사실상 불가능하기 때문이다. 수능은 벼락치기로 준비할 수 있는 내신 시험과는 다르다. 정시는 평소에 쌓아온 실력이 결정적인 영향을 끼치기 때문이다. 다음 상황을 한번 상상해 보자.

한 수험생은 이렇게 계획했다. '수능 날에는 최근에 풀었던 200페이지짜리 수학 문제집을 가져가야지. 수학 시험 전, 쉬는 시간에 틀린 문항 위주로 빠르게 훑어볼 거야.' 그리고 수능 날 수학 시험 전, 쉬는 시간에 빠르게 훑어보면서 100페이지 정도 검토했는데 감독관이 들어왔다. 감독관은 수험생들에게 이제 책상에 있는 모든 물품을 치우도록 말한다. 이 수험생은 남은 100페이지를 보지 못했는데 말이다. 만약 당신이라면 어떤 생각이 들었을 것 같은가?

이 안타까운 수험생은 바로 고등학생 3학년의 나였다. 가장 자신 있는 수학 시험이었는데도 불구하고 나는 흔들리기 시작했다. '쉬는 시간에 보지 못한 그 100페이지에서 문제가 출제되면 어떡하지?'라는 생각이 시험 도중 내 머릿속을 맴돌았다. 이성적으로 생각해보면, 어차피 수능출제위원회에서 문제집은 스크리닝되어 같은 문제가 출제될 일은 없었을 것이다. 하지만, 문제집을 통째로 들고 가서 내 무덤을 내가 팠던 건 사실이다.

수능 시험장에 어떤 자료를 들고 갈지 고민된다면, 답은 간단하다. 문제집이나 시험지, 개념서가 아니라, 자신의 실수와 그 해결책을 모아둔 실수 노트를 가져가야 한다.

운 없이
수능 대박 나기

앞서 수능 대박이 뭔지, 그리고 수능 도박과 어떻게 다른지 얘기했다. 수능 시험에서 친구가 운 좋게 몇 문제를 찍어서 맞혀서 평소에는 꿈도 꾸지 못했던 대학에 붙었다는 이야기를 들으면, 누구나 부러움과 질투심이 한 번에 몰려올 것이다. 물론 이런 '운'이 나에게 일어난다면 상상만 해도 즐겁고 행복하겠지만, 우리는 그런 '운'이라는 희박한 가능성만 믿고 공부할 수는 없다. 그것은 그저 수능 도박을 바라는 것에 불과하기 때문이다.

수능 날 전체 수험생의 90~95%는 평소 자기 성적만큼 나오지 않을 테니, 당신이 평소 실력만 발휘해도 상대적으로 좋은 성적을 얻게 되고, 수능 대박을 이루게 된다. 나는 2017학년도 불수능을 경험했다. 그때 나는 단 하나의 실수 없이 평소 실력을 그대로 발휘했다. 하지만 나와 같은 학원에 다니던 친구들은 모두 수능 날 실수했다. 어려운 난이도의 불수능이라는 압박감에서 벗어나지 못했기 때문이다. 결과적으로, 친구들이 자신의 평소 위치를 지키지 못해 상대적으로 나의 등수가 올라가게 되었다. 이것이 수능 대박의 원리다. 운에 의존하지 않고도, 충분히 수능 대박을 이룰 수 있다.

수능에서 자기 실력을 발휘하지 못하는, 즉 망하는 수험생들의 공통점은 '평소 무시했던 실수들이 수능 날 자기 발목을 잡는다'라는 것이다. 집에서 혼자 공부할 때와 같이 편안한 학습 환경에서는 잘 나타나지 않는 실수들이 수능이라는 긴장된 환경에서는 귀신같이 등장해 멘탈을 뒤흔든다. 그래서 실수를 대비하는 것이 무엇보다 중요하다. 그러니 지금 당장 실수 노트를 만들기 시작하라. 95%의 수험생이 수능에서 실수해 성적이 휩쓸려 내려갈 때, 당신은 자신의 위치를 굳건히 지켜내어 수능 대박을 이룰 수 있을 것이다.

Summary

1. 실수가 있으면 왜 실수했는지 면밀하게 분석해야 한다. 실수를 줄여야만 성공할 수 있다.

2. 오답 노트가 아닌, 실수 노트를 작성해야 한다. 수능 날 가져갈 것은 바로 실수 노트다.

3. 실수 노트는 당신의 위치를 지켜주고, 수능 대박으로 이어지게 할 것이다.

"

어제의 나보다
오늘의 내가 더 나은 것이야말로
진정한 성공이다.

– 알베르트 아인슈타인
(과학자)

"

6장

5단계,
어제의
나를 짓밟아라

성공을 위해
지켜야 할 규칙들

　나는 재수학원 의대 반에 다녔다. 함께 공부한 60여 명 중 의대에 합격한 학생은 8명 정도로, 비율로 따지면 약 13%다. 반면, 고등학교 때 같이 공부했던 이과생 200명 중에서는 단 한 명만이 의대에 합격하였고(0.5%), 내가 고3 때 다녔던 학원에서는 상위권 학생들만 모았음에도 불구하고 의대에 합격한 학생이 한 명도 없었다. SKY(서울대, 고려대, 연세대)는 물론이고 인in서울 대학교 진학률만 따져봐도 재수학원과 학교, 동네 학원 간의 차이는 크다. 그렇다면 재수학원은 어떻게 이렇게 더 높은 합격률을 보이고 학생들을 성공하게 할까?

　우선 첫 번째 이유로, 재수학원은 애초에 성적이 우수한 학생들이 모인다. 이들은 수능을 한 번 공부해 본 경험이 있고, 실패를 겪은 만큼 동기부여를 확실하게 가지고 있다.

두 번째 결정적인 요소는, 재수학원은 학생들에게 수능에서 성공할 수 있는 규칙들을 가르쳐 준다는 것이다. 대표적인 몇 가지 성공 규칙들을 알아보자. 참고로 책 후반부 부록에 소개한 〈수능 어록 15〉도 함께 살펴보는 것을 추천한다.

1. 엉덩이가 무거워야 성적이 오른다.
2. 자율학습 시간을 갖고 체계적으로 활용해야 한다.
3. 시간 관리를 철저히 해야 한다. 특히, 중요한 아침 시간을 효율적으로 활용하는 것이 중요하다.
4. 규칙적인 생활을 유지해야 한다.
5. 독학은 필패다.
6. 시험 경험은 많을수록 좋다.

나는 고등학교와 동네 학원에서는 이런 규칙 중 1번과 2번을 제외하면 거의 들어보지 못했다. 자율학습 시간이 중요하다고만 들었을 뿐 구체적으로 어떻게 계획해야 하는지는 알려주지 않았다. 또 학습 시간이 중요하다고만 강조할 뿐 어떻게 관리해야 하는지는 가르쳐 주지 않았다. 하지만 재수학원에서는 이러한 규칙들을 항상 강조하면서도, 구체적으로 어떻게 공부해야 하는지 알려주고 필요한 경우 상담까지 해준다. 심지어 계단과 벽에 성공 규칙과 관련된 문구들이 적혀 있는 경우도 비일비재했다. 참고로 ①연애하다 걸리면 제적한다, ②학원에서 핸드폰을 사용하다 걸리면 압수한다 등의 규칙도 있었다. 가끔은 이 규칙들을 공부보다 더 중요한 것처럼 강조한다는 느낌도 받았다. 그만큼 이런 것들이 재수생이라면 기본적으로 가져야 할 태도라고 재수학원 측은 생각한 것 같다.

　참고로 내가 다녔던 재수학원에서는 플래너를 매주 걷어서 담임 선생님이 직접 보고 코멘트를 달아주었다. 심지어 최근 시험 성적과 성적 추이까지 고려해서 말이다. 이뿐만 아니라, 잘 작성된 플래너 예시를 수험생들에게 공유해 주기도 하고, 시간 관리를 어떻게 해야 할지 전략 담당 선생님이 상담해 주기도 했다. 애초에 현역보다 시험 경험이 많은 데다가, 이런 세심한 관리까지 받기에 재수생의 평균 성적이 현역보다 높은 것이다. 그래서 시험 경험이 부족한 현역이라면, 더더욱 어떻게 공부하는지를 반드시 배우고 효율적으로 공부하는 것이 중요하다. 이제, 앞에서 설명한 기본적인 규칙 외에 성공으로 가는 핵심 규칙들을 더 알아보자.

지속적인 동기부여를
제공하라

   본격적인 수능 공부를 일반적으로 예비 고3은 12월, 재수생은 2~3월에 시작한다. 수능 공부를 시작하면서, 초반에는 누구보다 열정적으로 공부에 매진하고 열심히 노력한다. 하지만 시간이 지날수록 열정은 점차 사라지기 마련이다. 그래서 재수학원은 이 열정을 유지하기 위해 여러 방법으로 끊임없이 동기부여를 제공하려고 한다. 주기적인 면담, 잦은 시험, 등수 공개, 장학금 제도 등 다양한 방식으로 수험생들에게 자극을 준다. 그중에서도 내 경험상 가장 강한 자극은 모의고사 시험 후에 상위 20등까지 공개하는 것이었다.

   나 역시 그 명단에 들기 위해 열심히 노력했고, 같이 공부한 친구들도 같은 이유로 열심히 공부했다. 하지만 남들과 비교하는 방식의 동기부여는 분명한 한계가 있다. 아무리 노력해도 20등 안에 들지 못하면, '난 20등 안에 들어갈 수 없어'하며 좌절감에 빠지거나, '나는 뭐든 안 되네'라며 포기하는 수험생도 생긴다. 결국, 남과의 비교는 '단기적이고 수동적으로 설계된 동기부여'에 불과하다. 우리는 스스로 '장기적이고 능동적으로 설계한 동기부여'를 찾아야 한다.

그렇다면, 어떻게 장기적인 동기부여를 설계할 수 있을까? 방법은 간단하다. 바로 비교 대상을 남이 아닌, '나 자신'으로 삼는 것이다. 어제의 나와 오늘의 나를 비교하고, 내일의 나에게 도전하고 동기부여를 제공하는 것이다. 매일 조금씩 더 나아지기 위해 노력하고, 자기 자신을 이겨내는 것이야말로 진정한 성공이다. 나는 3월에 재수학원에 들어간 후 수능을 볼 때까지 단 한 번도 학원 모의고사에서 20등 안에 들지 못했다. 하지만, 마지막 시험인 수능에서 전국 ETOOS 계열 학원에서 1등을 했다. 어떻게 이것이 가능했을까? 나도 학원에서 상위 20등 명단에 들고 싶었고 여러 번의 실패로 좌절할 뻔했다. 그러나 남과의 비교는 일시적인 자극일 뿐, 오래가는 힘이 되지 않아 의미가 없음을 깨달았다. 그래서 나는 어제의 나를 이기려고 노력했고, 내일의 나에게 계속 동기부여를 제공하며 수능까지 꾸준히 발전했다.

그러면 수험생끼리 비교하는 방식이 이렇게 부작용이 많음에도 불구하고, 왜 학원에서는 이런 전략을 사용하는 걸까? 학원에게 중요한 것은 기존의 상위권 학생이 끝까지 상위권을 유지하는 것이 아니기 때문이다. 학원은 개개인의 성적보다 전체적인 대학 실적을 우수하게 만드는 것이 중요하다. 누가 상위권 인지보다, 전체 수험생 중 최대한 많은 수가 수능에서 고득점을 얻고 좋은 대학교에 입학하는 것이 중요하다는 뜻이다. 그렇기에 학원은 개개인에게 장기적으로는 도움이 되지 않더라도, 모든 수험생에게 단기적으로 효과를 줄 수 있는 자극을 가한다. 그중 일부가 수능에서 높은 성적을 내는 것을 기대하는 것이다.

재수학원의 방식이 너무 가혹하고 수험생 개개인에 대한 배려가 부족하다고 느껴진다고? 아쉽지만, 많은 재수학원의 현실이 그렇다. 학원은 진학률이 높아야 다음 해 수험생들에게 더 좋은 광고 효과를 누릴 수 있어, 무엇보다 중요한 것이 바로 진학률이다. 만약 당신이 학원에서 1등을 유지하다가 수능에서 30등으로 밀려난다면, 학원의 관심은 가차 없이 사라질 것이다. 반대로 당신이 20등 안에 들지 못하다가 수능에서 1등을 한다면, 학원은 곧바로 당신에게 집중하며 관심을 쏟을 것이다. 바로 내가 후자의 경우에 속했다.

다시 돌아와서, 내일의 나에게 동기부여를 제공할 수 있는 수험생들은 마치 끊임없이 공부할 수 있는 에너지가 있는 사람처럼 보인다. 그들은 '어제의 나를 이기는 오늘의 나'가 되기 위해 노력하며, 내일의 나에게 또 도전할 수 있다. 수능은 단기전이 아닌 장기전이기 때문에, 나는 수험생활 내내 이러한 동기부여가 수능 날까지 이어져야만 성공할 수 있다고 믿었다. 그래서 항상 고민했다.

'어떻게 하면 내일의 나에게 더 나은 동기부여를 제공할 수 있을까?'

고민 끝에 하나의 답을 얻었다. 그것은 바로 '어제의 나보다 실수를 줄이는 것'이라는 목표였다. 수험생은 정말 많은 실수를 저지른다. 나는 수능 전날까지도 실수를 최소화하기 위한 전략을 세우고 공부했다. 매일매일 어제보다 나아진 내가 되는 것, 이것이 수능까지 이어진 내 지속적인 동기부여의 원천이 되었다.

To. 수능 성공을 원하는 수험생에게

내가 재수학원에서 공부하고 있을 당시, 여름에서 가을로 넘어가는 시점에 거리에서 버스킹을 하는 가수가 있었다. 자습 시간에 그 소리가 너무 시끄럽게 느껴져 집중하는 데 방해가 됐고, 그래서 조퇴하고 집에서 공부하겠다고 학원 담임 선생님께 말했다. 그랬더니 학원 담임 선생님은 "이것도 못 참는데, 네가 재수생이 맞아? 수능을 퍽이나 잘 보겠다"라고 말씀하셨다. 하지만 내가 수능에서 ETOOS 계열 전체 수석을 하자 몇몇 학원 선생님들이 "잘 볼 줄 알았다", "열심히 할 때부터 알아봤다", "선생님 말대로 생명과학2를 지구과학1로 바꾸길 잘했다"라고 말했다.

다시 말하지만, 당시 나는 학원에서 상위 20등 안에 들지 못했기 때문에 별다른 관심을 받지 못했다. 그동안 열심히 한다고 선생님으로부터 인정받은 적도 없었고, 심지어 지구과학1이 나에게 유리할 것 같아 스스로 선택한 것이지, 선생님의 권유는 전혀 없었다.

이렇게 재수학원은 수험생 개개인에 대한 진심 어린 관심이 부족할 수 있기에, 나 자신만이 나를 챙길 수 있고 자기를 위한 동기부여가 꼭 필요하다. 다시 말하지만, 재수학원은 누가 상위권 인지보다, 전체 수험생 중 최대한 많은 수가 수능에서 고득점을 얻고 좋은 대학교에 입학하는 것이 중요하다.

100일의 법칙
목표를 세워라

어제의 나보다 실수를 줄이는 것이 목표가 된 이후, 재수학원이 끝나고 집으로 돌아가는 길에 항상 '오늘의 나'를 되돌아보는 시간을 가졌다. 후회만 남는 날도 있었고, 만족스러운 날도 있었다. 당시 수능까지 남은 D-day는 약 300일이었다. 나는 '어제의 나를 300번 짓밟으면서 성장하겠다'라고 다짐했다. 그러던 중 수능이 200일이 남았을 때, 나는 '100일의 법칙'이라는 목표를 세웠다.

'100일의 법칙'은 어제의 나와 비교해 오늘의 내가 만족스럽다고 느끼는 날이 수능까지 총 100일이 되는 것을 목표로 하는 것이다. 여기서 '만족'의 기준은 내가 남들에게 오늘이 어제보다 왜 나은지를 자신 있게 말할 수 있을 때로 삼았다. 이 목표가 성공적으로 이루어진다면, 수능에서 대박을 이룰 수 있다고 믿었다. 그때 당시, 수능까지 200일이 남아서 주 3회만 만족스러운 날이 있으면 되는 셈이었다. 이 기준이 낮아 보일 수 있지만, 100번의 만족스러운 날이 있다는 것은 100번 성장했다는 의미이기 때문에 결코 쉬운 일이 아니었다. 결과적으로 나는 수능까지 40번도 채 되지 않는 '만족스러운 날'을 기록했다. 그만큼 '만족'의 기준을 달성하기 어려웠다. 하지만 그 40번의 성장은 나를 성공으로 이끌기에 충분했다. 그렇기에 당신이 100번의 성장을 의미하는 '100일의 법칙'을 이룬다면 분명히 수능 대박을 터트릴 것이다.

스스로 생각하기에 만족스러운 날들을 달력에 동그라미로 체크 해보자. 만족스러운 날을 'O'로 표시하고 월말에 총 며칠을 체크했는지 세어보자.

1월

일	월	화	수	목	금	토
			1	2	3	4
5	6	7	8	9	10	11
12	13	14	15	16	17	18
19	20	21	22	23	24	25
26	27	28	29	30	31	

2월

일	월	화	수	목	금	토
						1
2	3	4	5	6	7	8
9	10	11	12	13	14	15
16	17	18	19	20	21	22
23	24	25	26	27	28	

3월

일	월	화	수	목	금	토
						1
2	3	4	5	6	7	8
9	10	11	12	13	14	15
16	17	18	19	20	21	22
23	24	25	26	27	28	29
30	31					

4월

일	월	화	수	목	금	토
		1	2	3	4	5
6	7	8	9	10	11	12
13	14	15	16	17	18	19
20	21	22	23	24	25	26
27	28	29	30			

5월

일	월	화	수	목	금	토
				1	2	3
4	5	6	7	8	9	10
11	12	13	14	15	16	17
18	19	20	21	22	23	24
25	26	27	28	29	30	31

6월

일	월	화	수	목	금	토
1	2	3	4	5	6	7
8	9	10	11	12	13	14
15	16	17	18	19	20	21
22	23	24	25	26	27	28
29	30					

7월

일	월	화	수	목	금	토
		1	2	3	4	5
6	7	8	9	10	11	12
13	14	15	16	17	18	19
20	21	22	23	24	25	26
27	28	29	30	31		

8월

일	월	화	수	목	금	토
					1	2
3	4	5	6	7	8	9
10	11	12	13	14	15	16
17	18	19	20	21	22	23
24	25	26	27	28	29	30
31						

9월

일	월	화	수	목	금	토
	1	2	3	4	5	6
7	8	9	10	11	12	13
14	15	16	17	18	19	20
21	22	23	24	25	26	27
28	29	30				

10월

일	월	화	수	목	금	토
			1	2	3	4
5	6	7	8	9	10	11
12	13	14	15	16	17	18
19	20	21	22	23	24	25
26	27	28	29	30	31	

11월

일	월	화	수	목	금	토
						1
2	3	4	5	6	7	8
9	10	11	12	13	14	15
16	17	18	19	20	21	22
23	24	25	26	27	28	29
30						

12월

일	월	화	수	목	금	토
	1	2	3	4	5	6
7	8	9	10	11	12	13
14	15	16	17	18	19	20
21	22	23	24	25	26	27
28	29	30	31			

2025년 달력. 2026년 이후에 이 책을 구매했다면, 요일을 신경 쓰지 않고 활용하길 바란다.

[참고사항]

2026학년도 수능 예정일 2025.11.13
2027학년도 수능 예정일 2026.11.19
2028학년도 수능 예정일 (2024년 기준 미정, 문/이과 구분 없이 통합형 수능체제 예정)

Summary

1. 수능 성공을 위해 지켜야 할 규칙들을 익혀야 한다.

2. 어제의 나와 오늘의 나를 비교하고, 내일의 나에게 동기부여를 끊임없이 제공할 수 있을 때, 성공할 수 있다.

3. 어제의 나와 비교해서, 오늘의 내가 만족스러운 날이 수능까지 100일이 되어야 한다.

'어제의 나를 이기는 오늘의 나'가
되기 위해 노력하고,
'내일의 나'에게 도전하라.

> 모든 것은 당신의 생각에 달려있다.
> 생각이 바뀌면 행동이 바뀌고,
> 행동이 바뀌면 인생이 바뀐다.
>
> _브라이언 트레이시
> (세계적인 비즈니스 컨설턴트, 베스트셀러 작가)

7장

6단계,
시험장에서
이기는 법

나를 제어하는
마인드 컨트롤

수능 성적을 향상하는 방법에는 여러 가지가 있다. 꾸준한 문제 풀이, 인터넷 강의나 학원 강의 수강, 다양한 문제집 풀이, 킬러 특강 등 다양한 방법이 있다. 하지만, 내가 생각하는 가장 빠르게 성적을 올리는 방법은 '실수 노트, 마인드 컨트롤, 이미지 트레이닝'이다. 물론, 이 방법들은 기본 개념이 어느 정도 잡힌 수험생들에게 해당하는 이야기다. 만약 기본 개념이 흔들리거나 기초 문제조차 자주 틀린다면, 문제 풀이와 개념 강의 수강부터 시작하고, 실수 노트를 병행해야 한다.

혹시 수능과 관련해 이런 이야기들을 들어본 적 있는가?

1. 현역들은 겁이 없어서 수능이 전체적으로 쉽게 출제되면 더 잘 본다.
2. N수생은 수능 날 긴장감이 2의 N승 제곱으로 커진다.
3. 수능 날 긴장해서 글자가 눈에 들어오지 않는다.
4. 압박감을 이기지 못해 수능을 중도 포기하는 수험생도 있다.

　나는 수험생활 중에 이런 이야기들을 여러 번 들었다. 고3 시절, 나는 방어기제가 강해 특히 3번과 4번에 대해 반박하며 '그건 나와 상관없는 거야'라고 생각했다. 시험을 치르면서 글자가 눈에 들어오지 않는다는 것은 상상도 안 됐고, 그런 경험이 없었으니 당연히 발생할 리 없다고 생각했다. 그리고 수능 날 압박감을 견디지 못하는 건 멘탈이 약한 사람들의 이야기라고 생각하며, 나와는 전혀 상관없다고 자신했다.

　하지만 내 생각은 틀렸다. 수능 당일 처음 느껴보는 긴장감에 국어 지문이 눈에 들어오지 않았고, 실제로 눈에서 글자가 튕겨 나가는 느낌을 받고 멘탈이 나갔었다. 수학에서는 y를 x로 잘못 읽고 풀었는데 이를 인지하지 못한 채 끝까지 붙잡고 있었다. 그 당시에 느꼈던 압박감은 10년이 지난 지금도 생생할 정도로 충격적이었다. 긴장과 압박감은 나비효과처럼 퍼져나갔고, 결국 영어 시험 시간에는 '어차피 망했는데 더 할 필요가 있을까?'라는 생각에 중도 포기하고 싶다는 생각까지 들었다.

고등학생 때는 수능 성적은 본인이 하기 나름이고, 노력과 실력의 문제라고 생각했다. 하지만, 나는 현역 수능에서 경험한 일을 통해 중요한 교훈을 깨달았다. 수능 결과에 영향을 주는 것은 단지 노력과 실력이 전부가 아니라는 것을 말이다. 상당히 많은 부분에서 개인의 심리, 즉 '마인드 컨트롤'이 영향을 끼치고 있고 그만큼 중요하다는 것을 알게 되었다.

마인드 컨트롤이란 자기 암시, 정신 통제 등으로 자기 생각, 행동, 감정을 조절하는 것이다. 뇌과학자들에 따르면, 우리의 뇌는 실제 상황을 마주하지 않고 단순히 상상하는 것만으로도 그것을 현실로 착각하고 반응할 만큼, 뇌는 쉽게 조작된다고 한다. 우리가 레몬을 생각하면 입안에 침이 고이듯 말이다. 그래서 나는 마인드 컨트롤을 잘 활용한다면, 수능 당일에도 안정된 마음을 유지할 수 있다고 생각했다. 즉, 마인드 컨트롤을 잘 이용하면 긴장과 이완을 적절히 조절해서 수능 당일 평소 실력을 제대로 발휘할 수 있다. 다시 말하지만, 수험생 대부분은 수능 날 제 실력을 발휘하지 못하고 성적이 떨어진다. 수능은 단순히 열심히 공부해서 고득점을 얻는 시험이 아니다. 얼마나 마인드 컨트롤을 잘하느냐가 성적에 큰 영향을 미칠 수 있다. 그렇다면 우리는 어떻게 마인드 컨트롤을 할 수 있을까?

우선 자기 자신에 대해 잘 알아야 한다. 흔히들 말하는 '메타인지'가 필요하다. 목표는 무엇인지, 모의고사를 볼 때 어떤 심리적 압박을 느끼는지, 그리고 과목별로 자신감이 어느 정도인지를 알아야 한다. 이렇게 스스로에 대해 정확히 파악해야만 마인드 컨트롤이 가능해진다. 예를 들어, 영어 시험 전에 유독 긴장을 많이 한다고 가정하면, '나는 내가 영어 시험 전에 긴장한다는 걸 알고 있어. 하지만 이 긴장은 나쁜 게 아니라, 내 집중력을 높여주기 위한 정상적인 반응이야'라고 생각하는 것이다.

가장 좋지 않은 마인드 컨트롤 방법은 '나는 긴장하지 않을 거야'라고만 생각하는 것이다. 오히려 그렇게 생각하면 긴장감이 더 커진다. 이를 심리학에서는 '반동 효과'라고 하는데, 어떤 생각을 하지 않겠다고 결심할수록 그 생각이 더 자주 떠오르는 현상이다. 즉, 긴장하지 않겠다고 다짐할수록 긴장에 더 집중하게 되어 상황을 악화시킨다. 좋은 마인드 컨트롤은 내 상황을 인정하고, 그걸 긍정적인 사고로 이어가는 것이다. 나의 경우에는 매일 아침, 매 시험 직전에 '나는 할 수 있고, 내가 해왔던 것을 믿고, 나는 또 해낼 것이다'라고 끊임없이 자기 암시를 했다. 수능 당일에도 교문 앞에서, 그리고 시험 직전마다 속으로 이 말을 외치며 나의 뇌를 반복적으로 속였다.

마인드 컨트롤이 필요한 궁극적인 이유는 긴장과 압박감에 휘말려 제 실력을 발휘하지 못하는 상황을 막기 위해서다. 많은 수험생이 "집에서 다시 풀어보니까 맞았어요"라고 말한다. 그리고 그게 자신의 실력이라고 착각한다. 하지만, 편안한 환경에서 문제를 다시 풀어 맞춘 건 진짜 실력이 아니다. 집에서만 잘 풀린 문제는 시험장에서 절대 풀리지 않을 문제라고 생각해야 한다. 즉, 시험이 주는 심리적 압박을 이겨내지 못한다면 자기 실력을 완벽하게 발휘하기 어렵다. 특히 수능처럼 극도의 긴장감과 압박감이 있는 시험 상황에서는 더욱 어렵다. 그래서 꼭 마인드 컨트롤 훈련을 통해 수능 날 긴장과 이완을 적절히 조절할 수 있는 능력을 키우는 것이 정말 중요하다.

사람마다 맞는 훈련법이 다를 수 있지만, 잘 모르겠다면 일단 내 방법을 따라 해보자. 나는 매 시험 직전에 '나는 할 수 있고, 내가 해왔던 것을 믿고, 나는 또 해낼 것이다'라고 자신에게 속으로 외쳤다. 이 책의 표지에도 크게 써서 매일 자기 암시를 해보자. 수능 날만큼은 꼭 평소 실력을 제대로 발휘할 수 있어야 한다.

연습을 실전처럼,
이미지 트레이닝

상위권, 최상위권 수험생들에게 실수 노트와 마인드 컨트롤만큼이나 강조하고 싶은 것은 바로 '이미지 트레이닝'이다. 이미지 트레이닝이란, 머릿속에서 동작 및 상황을 구체적으로 상상해서 실전에 적용하는 훈련이다. 이를 통해 수능 시험을 생생하게 상상해 보고, 예상치 못한 최악의 상황도 대비할 수 있도록 훈련하는 것이다.

앞에서도 간단히 언급했지만, 수능이 끝나고 나면 항상 황당한 사건들이 뉴스에 등장한다. 시험 종료 종소리가 5분 일찍 울렸다거나, 사물함 속 핸드폰 알람이 울렸는데 암호가 잠겨 있어 끄지 못했다거나, 히터가 고장 나서 추위에 떨며 시

수능 성공 7단계 법칙

험을 보았다는 등의 황당한 사건이 뉴스에 보도된다. 또한, 감독관이 구두 소리를 내며 교실을 걸어 다녔다, 옆 사람이 기침을 심하게 했다, 옆 사람이 다리를 떨어서 책상이 흔들렸다 같은 뉴스도 있다. 수능 고사장은 일단 초중고 교실을 빌려서 준비하고, 수많은 수험생과 함께 시험을 치르기 때문에 이런 예측 불가능한 상황들이 종종 발생할 수 있다.

　이런 일이 당신에게 절대 일어나지 않을 것이라고 확신할 수 있을까? 만약 발생한다면 어떻게 대처하겠는가? '올해는 운이 없었으니, 내년에 다시 도전하자'라는 생각을 할 수 있는가? 계속 말하지만, 안타깝게도 이런 상황이 발생해도 교육청은 수능 재시험을 보장해 주지 않고, 대학 입시에서 보상을 받을 수도 없다. 결국 피해는 오로지 내 몫이다. 그래서 어떤 상황에서도 흔들리지 않고 내 페이스대로 진행하는 능력을 키워야 한다. 이런 예측하지 못했던 상황이 발생하면 동요되지 않을 자신이 있는가? 나는 동요되지 않을 자신이 없었기에 그런 일이 발생하지 않기를 기도했었다. 하지만 야속하게도 수능 시험 당일, 뒷사람이 시험지를 시끄럽게 넘기고, 옆사람은 다리를 심하게 떨고, 히터 때문에 눈이 건조해지는 환경에서 시험을 봤다. 그럼에도 불구하고 내가 성공할 수 있었던 이유는 이미지 트레이닝을 매주 1회 이상 꾸준히 해왔기 때문이다. 덕분에 나는 이런 상황에 휘둘리지 않고 내 페이스대로 문제를 풀어갈 수 있었다.

만약 당신이 수능 날 어떠한 일도 생기지 않을 것이라 장담할 수 있다면 이미지 트레이닝을 하지 않아도 된다. 하지만 그렇지 않다면, 꼭 해야 한다. 이제 이미지 트레이닝을 어떻게 해야 하는지 알아보자. 방법을 먼저 설명한 뒤, 어떻게 대처했는지 예시로 보여주겠다.

1. 주 1회 이상 이미지 트레이닝을 한다.
  - 나는 대략 1시간 정도 소요되었다. 일요일 오후에 이미지 트레이닝 시간을 정해두고 꾸준히 실행했다.

2. 수능 날 기상부터 시험이 끝난 후 집에 돌아올 때까지 모든 상황을 상상한다.
  - 아침 기상, 고사장 입실, 과목별 시험 풀이, 쉬는 시간 활용, 체크 포인트 등 모든 상황을 구체적으로 떠올린다. 특히, 과목별 시험 문제 풀이는 매우 자세하게 상상해야 한다. 문제를 1번부터 마지막 문항까지 어떻게 풀어갈지 생생하게 상상하고, 실제 시험을 보고 있다고 생각하고 이미지 트레이닝을 한다.

3. 매번 새롭게 최악의 상황을 상상하고, 그에 대한 대책을 상세하게 생각해 둔다.

– 앞서 언급한 다양한 돌발 상황 외에도 수능 당일 어떤 일이 일어날지 모른다. 매번 새로운 최악의 상황을 가정하고, 그 상황에서 어떻게 대처할지 철저하게 준비해야 한다. 그렇게 한다면, 실제 수능 당일 예측하지 못하는 상황이 발생하더라도, 남들이 혼란스러워할 때 당신은 차분하게 대응할 수 있다.

4. '연습을 실전처럼, 실전을 연습처럼'이라는 말이 있듯이, 이미지 트레이닝을 구체적이고 생생하게 할수록 실전에서 빛을 발한다.

– 이미지 트레이닝은 머릿속으로만 상황을 상상하고 이를 실전에 적용하는 훈련으로, 실제 일어날 수 있는 상황에 대비하는 방법이다. 앞서 언급한 것처럼, 나는 수능 시험 당일 뒷사람이 시험지를 시끄럽게 넘기고, 옆 사람은 다리를 심하게 떨고, 히터 때문에 눈이 계속 건조해져 시야가 흐릿해지는 경험을 했었다. 이러한 상황들은 모두 미리 상상해 본 것이었고, 그에 따른 대책을 미리 계획해 놨기에 흔들림 없이 시험을 치를 수 있었다.

5. 오답을 분석할 때, 당시 상황과 심리 상태를 파악하고 적절한 대처 방안을 모색한다.

– 모의고사가 끝난 후, 단순히 오답 문제만 풀고 끝내지 않는다. 반드시 오답 문항 전후로 어떤 상황이 있었는지, 그리고 당시 심리 상태가 어땠는지를 파악해야 한다. 이러한 요인들이 오답에 미쳤을 가능성을 고려해 보고, '시험 당일 기억이 가장 생생할 때' 이를 기록해야 한다. 또한, 같은 상황이 다시 발생할 경우, 어떻게 대처할지를 이미지 트레이닝을 통해 대비해야 한다.

다음은 수능 첫 시험인 국어 시험을 예시로, 내가 이미지 트레이닝을 어떻게 했는지 간략히 보여주겠다. 모두 머릿속으로 상상했던 내용이다. 다시 강조하지만, 생생하게 상상할수록 수능 당일 어떠한 일이 발생해도 당황하지 않고 대처할 수 있을 것이다.

수능 당일, 아침 6시에 일어나자마자 샤워하고, 어머니께 부탁한 속 편한 밥을 평소대로 먹는다. 그 후 '나는 할 수 있고, 내가 해왔던 것들을 믿고, 나는 또 해낼 것이다'라고 말하며 1분간 명상한다. 수험장에 가기 전, 그동안 만들었던 과목별 실수 노트를 챙기고 고사장으로 출발한다. 차 안에서도 해낼 수 있다고 외치고, 7시 30분 고사장에 도착해서 교문 앞에서 '나는 할 수 있고, 내가 해왔던 것들을 믿고, 나는 또 해낼 것이다'라고 말하며 만세 한 번 하고 들어간다. 만세를 하면 긴장감이 완화되고 자신감이 생기는 느낌이 들어 나만의 루틴으로 삼았다.

고사장을 확인해 보니 3층 끝에서 2번째 교실이다. 가는 길에 화장실은 어디 있는지, 식수대는 어디 있는지 확인해 본다. 교실에 들어가서는 2번째 줄 3번째 자리에 앉은 후, 창가로부터의 위치, 히터 방향을 확인한다. 책상과 의자는 흔들리지는 않은지 다른 이상은 없는지 체크 한다. 준비되면 국어 실수 노트를 읽기 시작한다. 8시가 되면 준비한 아이스 아메리카노 한 캔을 한 번에 마시고 국어 시험을 볼 준비를 끝마친다. 시험지를 받자마자 이름과 수험번호를 쓴 뒤, 시험지 표지에 '국어 영역 100점'이라고 크게 작성해서 첫 시험이 주는 압박감과 긴장감을 조금이나마 덜어 본다.

시험지 첫 페이지에 나오는 화법 문제는 3문제가 출제되었다. 그런데 긴장이 되어 글씨가 눈에 들어오지 않는 것 같다는 느낌이 든다. 더 붙잡고 있으면 풀리지는 않고 시간만 흘러가면서 멘탈이 나갈 것 같으니, 두 장을 넘겨 가장 쉬워 보이는 문법 문제를 하나 풀고 다시 화법 문제로 돌아온다. 그리고 다시 순서대로 문제를 푼다. 문법 파트까지 이른다면 '두 단락 이상의 지문과 함께 출제되는 문법은 실수가 많다'라는 나만의 실수 노트 항목을 고려해서, 급하게 풀지 않고 심호흡 한 번씩 하면서 문제를 푼다. 이제 체크 포인트 1지점을 확인하고 현재 속도는 괜찮은지 파악한다. 갑자기 옆 수험생이 다리를 심하게 떨기 시작한다. 미리 생각한 대로 나는 고개를 숙여 내 시야에 시험지만 들어오게 만들고, 나만의 흐름이 끊기지 않게 하여 계속 문제를 풀어간다.

비문학 파트에서 법 지문이 가장 먼저 나왔다. 이전 수능에서 법 관련 비문학 지문은 항상 내 멘탈을 흔들리게 해 다른 파트에 영향을 주었으니, 가장 마지막에 푸는 것으로 계획하고 지체할 것 없이 다음 비문학 지문으로 넘어간다. 비문학 파트는 문제부터 읽되, 시간을 최대한 활용하기 위해 선지 중 가장 중요해 보이는 단어를 체크 한다. 보기 적용 문제가 있으면 지문에서 어떤 문단이 가장 관련이 있을지 생각하며 읽는다. 지문을 읽으면서 관련 선지를 지워나간다.

비문학 파트를 다 풀면 체크 포인트 2지점을 확인한다. 너무 빠른 것 같아 호흡을 가다듬고 남은 문제는 약간만 천천히 푼다. 느린 것 같다면 조금 속도를 낼 생각을 한다. 갑자기 사물함에서 핸드폰 알람 소리가 울린다. 다들 당황하고 있을 때 나는 미리 준비해 두었던 귀마개를 빠르게 꺼내고 감독관에게 이상 없음을 확인받은 뒤, 시험에 최대한 집중한다. 언제든 핸드폰 알람 소리가 울릴 수 있다고 그동안 이미지 트레이닝을 했기 때문에 '적중했다'라고 생각한다. 빠르게 안정감을 찾고 내 흐름대로 문제 풀이를 다시 이어간다. 문학 파트를 풀기 전 속으로 외친다. '항상 주제를 중심으로 생각하고, 모든 내용을 이해하기보다는 문제에서 요구한 수준 정도만 이해할 수 있도록 지문을 읽자'라고 말이다. 문학에서 나의 약점 분야인 '지문이 긴 현대 소설'이 출제됐다. 가장 마지막에 푸는 것으로 계획하고 지체할 것 없이 다음 문학 지문으로 넘어간다. 문학 문항이 끝나고 체크 포인트 3지점을 확인한다. 평소 속도로 풀었다는 것을 확인하고 자신감을 얻는다. 이제 OMR 카드를 작성하고 남은 시간을 확인한다. 남은 5분간 가장 헷갈렸던 순위대로 문제를 검토한다.

시험 종료 종소리가 예고 없이 울렸다. 이상해서 내 시계를 확인하니 오류인 게 분명하다. 당황하지 않고 다시 헷갈렸던 문제를 검토한다. 이번에는 제대로 시험 종료 종소리가 울렸다. 시험지와 OMR 카드를 감독관이 회수해 간다. 쉬는 시간에 큰 소리로 답 맞추는 수험생이 있을 수도 있으니, 바로 귀마개를 끼고 다음 시험인 수학 영역을 대비해서 수학 실수 노트를 5분

간 읽는다. 그리고는 간단히 물 한 모금 마시고 화장실을 다녀
온다.

  여기까지가 내가 수능을 본다고 생각하고 국어 시험을 마
칠 때까지 상상의 나래를 펼친 것이다. 이해를 돕기 위해 나
의 사고 흐름 전체를 가공 없이 작성했다. 미리 이미지 트레
이닝으로 대비한다면, 실제로 그 상황이 발생했을 때 누구보
다 빠르게 안정감을 되찾고 다시 당신만의 흐름으로 문제 풀
이를 이어 나갈 수 있을 것이다. 특히, 디테일 부분까지 신경
써서 상상할수록 예측하지 못한 상황에서 '안전한 탈출구'를
발견할 수 있을 것이다. 참고로 나는 공부하다가 지치는 시간
이나 휴식이 필요할 때, 그리고 일요일에 꾸준히 이미지 트레
이닝을 했다. 그리고 실제로 수능 당일, 내가 상상했던 상황
이 그대로 펼쳐지는 경험을 했고, 나는 자신감과 안정감을 유
지한 채로 문제를 풀 수 있었다.

Summary

1. 마인드 컨트롤은 수능 날 긴장과 압박감에 휘둘리지 않게 도와준다. '나는 할 수 있고, 내가 해왔던 것을 믿고, 나는 또 해낼 것이다'라고 수백 번 외쳐라.

2. 이미지 트레이닝으로 수능 시험을 생생하게 상상해서 최악의 상황을 대비해라. 디테일 부분까지 신경 써서 상상할수록 예측하지 못한 상황에서 '안전한 탈출구'를 발견할 수 있을 것이다.

66

성공은 우연이 아니다.
그것은 일, 노력, 그리고 희생의 결과다.

_펠레
(축구선수. 브라질 공격수)

99

8장

7단계,
나 자신을
믿어라

555 법칙을 지켜라

555 법칙은 수능 당일 과목별 시험 시간 사이에 있는 쉬는 시간을 최대한 효율적으로 보내기 위해서 내가 고안한 방법이다. 점심시간을 제외하면 나머지 쉬는 시간은 각각 20분으로 정해져 있다. 감독관이 시험지 부수 체크, 수험생 본인확인, 시험지와 OMR 카드 수거하는 시간을 제외하면 약 15분 정도 남는다. 우리는 어떻게 해야 이 15분을 가장 잘 활용할 수 있을까? 앞에서도 말했지만, 문제집을 가져와서 이 시간 동안 공부하려고 한다면 큰 오산이다. 15분 전부를 투자한다고 해도 문제집 한 권도 제대로 검토하기 어려울 것이다. 내가 만든 555 법칙은 15분이라는 짧은 시간을 가장 효율적으

로 활용할 수 있도록 도와줄 것이다. 555 법칙은 다음과 같이 구성된다.

1. 5분간 실수 노트 정독
2. 5분간 개인 활동(물 또는 커피 마시기, 초콜릿 섭취, 화장실 다녀오기 등)
3. 5분간 이미지 트레이닝

첫 5분은 실수 노트를 정독한다. 우리는 〈5장. 4단계, 실수를 용납하지 마라〉에서 실수 노트 작성법을 배웠다. 잘 정리된 실수 노트는 수능 날 빛을 발한다. 분명히 고사장 내 몇몇 수험생은 두꺼운 문제집을 말도 안 되는 속도로 한 페이지씩 넘기고 있을 것이고 결국 제대로 검토하지 못한 채로 시험을 볼 것이다. 하지만, 당신은 이들과 다르다. 많은 문제집과 시험지에서 실수했던 문항들을 1~2줄로 잘 정리했을 것이고, 실수 빈도가 높은 순으로 차례대로 정리되어 있을 것이다. 따라서 실수 노트 항목 하나만 읽어도 실제로는 10문항 혹은 그 이상의 문항을 보는 것과 같은 셈이다. 매일 혹은 매주 정독한 실수 노트이기 때문에 모든 내용을 5분 안에 충분히 볼 수 있을 것이고, 수없이 반복해서 체화했다면 더 빠르게 읽을 수도 있다. 당신은 실수 노트에 기재된 실수들 중 몇 가지는 반드시 시험을 보며 만나게 될 것이고, 수능 당일만큼은 그 함정에 빠지지 않을 것이다. 스스로 만든 실수 노트는 100% 적중률을 보여줄 것이다.

　다음 5분 동안은 식음료를 섭취하고 화장실도 꼭 다녀오는 시간이다. 수능 당일, 우리는 평소와 다르게 극도의 집중력을 발휘해 시험을 치르게 되므로, 육체적, 정신적으로 상당한 피로감을 느끼게 된다. 나는 이 피로감을 극복하기 위해 초콜릿과 같은 고탄수화물 간식을 많이 먹어 뇌에 빠르게 에너지를 공급하는 방법을 사용했다. 나는 이보다 더 좋은 방법을 찾지 못했지만, 더 좋은 방법이 있다면 그 방법을 택하기를 바란다. 시험이 하나 끝날 때마다 피로는 배로 누적되었고, 특히 과학 탐구 시간에는 몸을 움직이기조차 귀찮을 정도로 극심한 피로가 몰려왔다. 그래서 나는 누적되는 피로도를 고려해서 한 과목이 끝날 때마다 초콜릿 섭취량을 점점 늘렸다. 국어 시험 전에는 페레로로쉐 초콜릿 2개를 먹고, 수학 시험 전에는 3개, 영어 시험 전에는 4개, 마지막 과학 탐구 시험 전에는 더 많이 먹었다. 화장실도 꼭 다녀와서 시험 도중 다녀오게 되는 불상사가 없도록 해야 한다. 수능 시험에서 고득점을 노리려면 단순히 공부만 열심히 하는 것이 아니라, 이런 사소한 부분까지 철저히 대비해야 한다는 점을 잊지 않았으면 한다. 우리는 공부 외적인 요소들까지 준비했을 때, 안정적인 고득점과 수능 대박을 기대할 수 있다. 4장에서도 살펴보았지만, 중요한 것은 '똑똑한 노력'을 하는 것이다. 수능 성적은 결국 디테일 차이에서 결정되고 남과 똑같은 노력을 하면 결코 성공할 수 없다.

마지막 5분은 이미지 트레이닝을 하는 시간이다. 당신이 평소에 이미지 트레이닝을 꾸준히 연습했다면, 시험 직전에 아주 빠르게 모의시험을 상상 속에서 치를 수 있을 것이다. 이는 실제 시험 직전, 당신에게 큰 힘이 되어줄 것이다. 또한 그동안 연습한 이미지 트레이닝은 수능 당일 어떤 예상하지 못한 상황이 닥쳐도 당황하지 않고 침착하게 대처할 수 있도록 도와줄 것이다. 그리고 시험 직전, 마음속으로 꼭 '나는 할 수 있고, 내가 해왔던 것을 믿고, 나는 또 해낼 것이다'라고 외쳐라. 그 말이 당신에게 자신감을 불어넣어 줄 것이다.

시험 점수는
부익부 빈익빈

나는 어렸을 때, 1등 하는 친구를 보면서 '왜 쟤는 항상 잘할까?'라며 궁금해하고 부러워했다. 특히 그런 친구들은 모르는 문제를 찍어도 답을 맞히는 경우가 많아 보였다. 그 모습이 너무 부러웠고, 비밀이 무엇인지 알고 싶었다. 시간이 지나 내가 1등이 되었을 때, 마침내 그 비밀을 알게 되었다.

다음 중 1등이 될 가능성이 가장 높은 학생은 누구라고 생각하는가? 모든 선지가 정답일 수 있지만, 하나만 선택해야 한다면 어떤 것을 선택하겠는가?

1. 누구보다 열심히 공부하며, 한 달 동안 푼 문제집 양이 다른

학생들의 2~3배에 달하는 학생

2. 어릴 때부터 선행 학습을 해서 수업 내용을 남들보다 쉽게 이해하는 학생

3. 멘탈이 강해서 어려운 시험에서도 전혀 흔들리지 않는 학생

4. 직전 시험에서 1등을 했고, 평소에도 꾸준히 노력하는 학생

5. 흔히 천재라 불리며, 남들이 열심히 공부할 때 쉬엄쉬엄 공부해도 좋은 성적을 내는 학생

1번 학생은 누구보다 열심히 공부하는 사람 중 한 명일 뿐이다. 당신은 이 책을 읽으면서 이제 단순히 열심히 공부한다고 해서 수능을 잘 볼 수 있는 것은 아니라는 것을 깨달았을 것이다. 수능 결과에 영향을 미치는 것은 학습량만이 아니고 공부 외적인 요소들도 있기 때문이다. 그리고 전국적으로 시야를 넓혀보면, 전국 어딘가에는 그보다 더 열심히 공부하는 학생이 분명히 있을 것이다.

2번 학생처럼 어릴 때부터 선행 학습하면 분명히 효과가 있다. 선행된 내용을 바탕으로 수업을 들으면 복습 효과가 있고, 더 깊이 이해할 수 있는 장점도 있다. 하지만 재수생이 되면 이미 고등학교 과정의 시험 범위를 다 배운 상태이기 때문에 더 이상의 선행 학습은 없다. 만약 선행 학습이 성적을 결

정하는 유일한 요소라면, 새로운 것을 배울 필요가 없는 재수생은 모두 비슷한 점수를 받아야 한다. 결국, 1등을 가르는 주된 요인은 선행 학습이 아니다. 간혹 대학 과정을 공부하는 수험생도 보았다. 돌이켜 생각해도 나는 대학 과정을 배워야 할 필요성을 전혀 느끼지 못하겠다. 나는 대학 과정을 전혀 배우지 않았는데 1등을 했다.

3번 학생처럼 흔들리지 않는 멘탈을 가진 수험생은 정말 축복받았다고 생각한다. 하지만, 멘탈만으로 1등을 할 수는 없다. 기본적인 노력, 열심히 하고자 하는 동기부여, 마인드 컨트롤, 이미지 트레이닝 등 다양한 요소들이 뒷받침되어야 1등을 할 수 있다. 사실, 성적이 낮은 학생 중에서도 멘탈이 강한 경우는 많다. 어려운 시험에서 처참한 점수를 받고도 웃으며 놀러 가는 학생들이 바로 그런 경우다.

4번 학생이 1등이 될 가능성이 가장 높다. 이 학생이 이전 시험에서 1등을 한 이유는 무엇일까? 높은 학습 효율을 가지고 있기 때문이다. 효율적으로 공부하는 법을 알고 있기에, 꼭 '가장 많이' 노력하는 학생이 아니어도 최상위권의 성적을 받는 것이다. 또한, 이 학생은 공부 외적인 준비도 이미 대비되어 있다. 기본적인 학습량에 더해, 동기부여, 마인드 컨트롤, 이미지 트레이닝, 이전 실수에 대한 대비까지 모든 요소를 갖추고 있어, 이 학생을 뛰어넘기는 쉽지 않을 것이다. 더 나아가, 이전에 1등을 했다는 사실 자체가 다음 시험에서도 1등을 하고 싶게 만드는 강력한 동기부여가 된다.

또한, 이 학생은 시험에 대한 본질도 이미 깨우쳤을 가능성이 크다. 중위권 학생들이 자주 저지르는 실수가 바로 자신의 주관적인 생각과 고집을 앞세워 오답을 고르는 것인데, 이 학생은 출제자의 시선에서 문제를 바라보고, 가장 보편적인 관점에서 선지를 골라야 정답이 된다는 사실을 이해하고 있을 것이다. 그리고 이렇게 1등 하는 학생들은 선지에 미묘하게 숨겨진 함정을 찾아내는 능력도 뛰어나다. 그래서 찍어도 잘 맞춘다. 실수도 실력이지만, 찍는 것도 실력이라는 말이 괜히 나오는 것이 아니다.

'천재가 노력하면 이길 수 없다'라는 말을 들어본 적 있을 것이다. 나도 이 말에 동의한다. 하지만, 수능은 천재를 위한 시험이 아니다. 오히려 노력하는 수험생들에게 기회를 주는 시험이다. 5번 학생처럼 천재라면 공부가 더 쉽게 느껴질 수 있겠지만, 수능 문제는 천재만 풀 수 있도록 출제되지 않는다. 그리고 나는 수험생활을 하고 과외를 하면서 천재 같은 수험생들을 여러 번 만났다. 그런데 이들 중 상당수는 다른 수험생들만큼 노력하지 않는 경우가 많았다. 그래서 그들의 잠재력에도 불구하고 기대한 만큼의 결과를 얻지 못하는 경우가 종종 있었다. 만약 당신이 스스로 천재라고 생각한다면, 남들보다 더 많은 노력을 기울이기를 바란다. 그렇게 한다면, 최상위권에 오르는 것은 훨씬 더 쉬울 것이다.

'시험 점수는 부익부 빈익빈'이다. 그래서 나는 당신이 최소한 한 과목에서라도 1등을 해보기를 바란다. 한 번이라도 1등을 경험하면 이 책의 내용을 이해하는 데 큰 도움이 될 것이다. 작은 성공들이 모여 큰 성공을 이룬다는 말처럼, 한 과목에서 1등을 하면 다른 과목에서도 1등을 하게 되고, 결국 전 과목 1등을 하는 날이 올 것이다.

스스로 '나는 1등은 못 해'라고 단정 짓지 마라. 이 책을 통해 나는 1등 하는 방법을 모두 알려주었다. 그리고 이 책을 읽고 있다는 것만으로도, 당신은 이미 열심히 노력하는 수험생임을 증명한 셈이다. 단지 성적을 어떻게 올려야 하는지를 몰랐을 뿐이다.

우선 목표를 세우고, 자신의 상태와 위치를 정확히 파악해라. 그리고 효과적으로 공부하는 법을 익혀라. 체크 포인트를 활용하고, 마인드 컨트롤과 이미지 트레이닝까지 한 뒤, 다시 한번 성적표를 확인해 봐라. 이전과는 비교할 수 없을 만큼 달라진 결과를 보게 될 것이다. 나 역시 처음부터 1등이 아니었다. 그러나 결국 ETOOS 계열 전국 1등이 되었다.

지금까지 내가 공개한 '수능 성공 7단계 법칙'을 익힌다면, 당신은 나보다 더 우수한 수험생이 될 수 있다. 수험생활과 과외 경험을 통해 내가 깨달은 모든 노하우를 이 책에 담았기 때문이다. 지금 이 책을 읽고 있는 당신은, 이미 나와 다른 출발점에 서 있다. 나는 공부 외적인 요소가 있다는 것을 처음부터 깨우치지 못했다. 그러나 당신은 알고 있다. 그러니 당신은 앞서가는 속도도 다를 것이며, 반드시 성공할 것이라고 확신한다.

행운의 여신은 존재한다?

행운이라는 것은 말 그대로 'lucky'다. 만약 당신에게 행운이 온다면, 당신보다 뛰어난 수험생 몇 명쯤은 쉽게 제칠 수 있을 것이고, 수능 당일 행운의 여신에게 선택받는다면 인생이 바뀌게 될 것이다. 불공평하게 느껴질 수 있지만, 현실에서는 이런 일이 비일비재하게 일어난다. 내가 재수학원에서 알게 된 한 문과생도 평소 학원에서 100등 정도였는데, 수능 결과 학원 전체 1등을 했다.

남에게 찾아온 행운이 불공평하다고 부정하고 싶겠지만, 입장을 바꿔서 생각해보자. 만약 당신이 행운의 여신에게 선택받는다면, 그 점수가 불공평하다고 생각해 대학 입시를 포기할 것인가? 나라면 절대 그러지 않는다. 나는 수능에서 좋은 결과만 얻을 수 있다면, 어떤 신이라도 믿고 무엇이든 할 각오가 되어 있을 정도로 수능을 잘 보길 간절히 바랐다. 그만큼 나는 행운의 여신이 나를 선택해 주길 진심으로 원했다. 하지만 행운은 어디까지나 운일 뿐, 그게 나에게 나타난다는 보장이 전혀 없다. 그것도 수능 당일에 나타나야만 한다는 점에서 너무나도 희박한 확률에 기대는 바람일 뿐이다.

그래서 우리는 행운의 여신이 존재한다는 사실을 알고는 있지만, 수능 당일에는 내가 선택받지 못한다고 생각해야 한다. 오히려 남들보다 더 불리한 조건에서 싸운다고 각오해야 한다. 그래서 당당하게 "나는 최선을 다했다"라고 말할 수 있을 만큼 더 열심히 노력해야 한다. 최소한 어제의 나보다는 오늘의 내가 더 열심히 해야 한다는 마음가짐으로 말이다. 그렇게 한다면 '진인사대천명'이라는 말처럼, 내가 할 수 있는 모든 것을 다하고 나서 하늘의 뜻을 담담히 받아들일 때, 결국 좋은 결과가 찾아올 것이다.

이렇게 말했지만 어쩌면 나의 마지막 수능은, 나에게도 행운의 여신이 찾아왔던 걸지도 모르겠다. 내가 세 번째로 치른 2017학년도 수능 날은 1년 동안 수험생활을 하며 지나온 하루 중 가장 컨디션이 좋았던 날이었다. 문제들이 한 번도 막힘없이 풀렸고, 실수 노트에 적어둔 수많은 항목이 적중하고, 이미지 트레이닝으로 상상한 최악의 상황도 그대로 나타났다. 특히 문제를 막힘없이 풀어서 여유 시간이 생겼고, 그래서 평소에 스킬로 풀던 문제들을 정석으로 접근할 수 있었다. 덕분에 기출 범위를 벗어난 새로운 유형의 문제까지 풀 수 있었다. 나는 내가 할 수 있는 모든 것에 최선을 다했기 때문에, 어쩌면 그 덕분에 행운의 여신에게 선택받았다고 조심스럽게 생각한다.

나를 믿는 만큼
그게 나의 수능 점수다

수능 당일, 긴장하지 않을 수 있는 수험생은 과연 얼마나 될까?

수능 당일, 자기 실력을 그대로 보여주는 수험생은 또 얼마나 될까?

그 주인공이 당신이 될 수 있을까?

필사적으로 노력할 때, 비로소 자신을 믿을 수 있다. 그리고 그때야 비로소 성공의 주인공이 될 수 있다. 하지만, 결코 자신을 믿는 일은 쉽지 않다. 수험생은 매 순간 흔들리기 때문이다. 옆의 학생이 새로운 문제집을 풀고, 새로운 인강을 듣고, 사설 모의고사를 푸는 모습을 보면 '나도 저거 해야 하나?'라는 고민에 빠지기 쉽다. 하지만 주변에 흔들리지 말고, 자기 자신을 믿어라. 단, 누군가 "열심히 공부했어?"라고 물었을 때, 자신에게 부끄럽지 않게, 당당히 "난 정말 열심히 했어"라고 말할 수 있는 수험생이 되어라.

여기까지 읽으면서 당신은 많은 것들을 배웠다. 이제 당신의 무기는 다른 수험생들보다 훨씬 많다. 평소의 노력과 열정, 목표를 위한 동기부여, 실수 노트, 마인드 컨트롤, 이미지 트레이닝 등 모두 당신의 강력한 무기이다. 이 무기들은 당신이 흔들릴 때 중심을 잡아주고, 스스로 믿을 수 있게 만들어 수능 당일 최고의 상태에서 시험에 임할 수 있도록 도와줄 것이다.

그리고 수능 날 아침, 당신의 점수는 이미 정해져 있을 것이다. 얼마나 자신을 믿는지, 그러기 위해 얼마나 치열하게 노력했고, 얼마나 많은 무기를 갖추고 있는지가 당신의 점수를 정할 것이다. 그러니 다른 수험생들과 비교하지 말고, 오로지 어제의 나보다 더 나은 오늘의 나를 위해 최선을 다해라. 그렇게 한다면 당신은 수능에서 대박을 이룰 것이다.

"자기 자신을 믿는 만큼 그게 수능 점수다."

Summary

1. 쉬는 시간에 실수 노트 5분 정독, 5분간 개인 활동, 5분 이미지 트레이닝을 해야 한다.

2. 1등 하는 수험생은 공부 외적인 요소도 이미 대비되어 있고, 어떻게 공부해야 할지 정확히 알고 있다.

3. 수능 날 아침, 당신의 점수는 이미 정해져 있다. 자기 자신을 믿는 만큼 그게 수능 점수다.

　입시를 마친 후, 나는 수험생활을 하면서 배우고 깨달은 것들을 수험생들에게 전해주고 싶다는 마음으로, 수능 공부에 있어 '누구에게나 자신 있게 추천할 수 있는 책'을 쓰기로 결심했다. 많은 시행착오와 경험을 통해 얻은 노하우를 여러분과 나누고, 수능이라는 큰 시험 앞에서 흔들리지 않고 끝까지 나아가길 바라는 마음으로 나는 한 줄 한 줄 정성을 다해 책을 썼다. 모쪼록 이 책이 수험생 여러분에게 길을 안내해 주는 내비게이션과 같은 존재가 되기를 바란다.

　내가 바라는 것은 단지 몇몇 수험생들이 좋은 대학에 합격하는 것으로 끝나지 않는다. 이 책을 통해 여러분이 수능을 성공적으로 치른 후, 여러분도 후배들에게 자신감과 동기부여를 전하는 '수능 인플루언서'가 되었으면 한다. 그렇게 긍정적인 에너지가 선순환을 이루어, 더 많은 사람이 자신의 꿈을 이루고, 그 성공이 또 다른 성공을 불러오는 아름다운 선순환이 이어지기를 꿈꾼다.

이 책은 수능에서 성공하기 위한 7단계 법칙을 소개하고 있다. 나는 수능이 단순히 열심히 공부하는 것만으로는 결코 넘을 수 없는 시험이라고 생각한다. 수능은 치열한 전략과 계획, 그리고 강한 마음가짐과 자신감으로 승부를 가르는 시험이라고 생각한다. 내가 경험한 것처럼, 여러분이 이 책을 통해 그 어떤 상황에서도 흔들리지 않고 자신을 컨트롤하는 법을 배운다면, 수능 당일 어떤 난관도 두렵지 않을 것이다. 그래서 이 책에서 제시하는 7단계 법칙이 여러분의 수험생활에 결정적인 전환점을 가져다줄 것이라고 믿는다.

마지막으로, 수능 날 여러분이 평소의 실력만 온전히 발휘해도 그 자체로 '수능 대박'이라고 생각한다. 내가 이 책을 통해 전하고자 하는 모든 것이, 여러분이 수능 당일 자신의 실력을 100% 발휘할 수 있도록 돕는 데 초점이 맞춰져 있다. 나처럼 수능 당일, 절대 지지 않고 이기는 수험생이 되길 바란다.

　여러분의 수능 대박을 진심으로 기원하며, 마지막으로 이
문장을 꼭 마음에 새기길 바란다.

"자기 자신을 믿는 만큼 그게 수능 점수다."

이 책이 여러분의 수험생활에 큰 힘이 되길 바라며,
여러분이 꿈꾸는 모든 것들이 이루어지기를
진심으로 응원합니다.

끝까지 읽어주셔서 감사합니다.

김성진 올림

부록

1. 자기 자신을 믿는 만큼 그게 수능 점수다.

2. 수능 성적표는 변명을 들어주지 않는다.

3. 실수는 어떤 상황에서도 용납하지 마라. 실수는 실력이다.

4. 약점을 강점으로, 강점을 더 강한 강점으로 만들어라.

5. 어제의 나보다 오늘의 내가 더 열심히 하면 된다. 절대로 어제를 후회하지 마라.

6. 수능은 1년에 한 번뿐이지만, '제대로' 공부하면 한 번이면 충분하다.

7. 수능은 천재를 위한 시험이 아니다. 오히려 노력하는 수험 생들에게 기회를 주는 시험이다.

8. 당신은 당신 인생의 주인공이다. 성공할 수 있다고 매일 아

침 자신에게 말해라.

9. 시험 종소리가 치는 마지막 1초까지 최선을 다해 노력해라. 그 1초가 한 문제를 바꾸고, 그 한 문제가 대학을 결정한다.

10. 평소를 수능처럼, 수능을 평소처럼 공부해라.

11. 자기 전에는 항상 수능 날 행복해하는 자신을 상상해라.

12. 똑같이 공부하면 똑같은 결과를 얻는다. 최상위권이 되려면 남들과 다르게 공부해야 한다.

13. 조금만 더 생각하면 풀릴 것 같은 느낌이 들 때가 가장 위험하다. 그 한 문제로 시간을 잃으면 대학을 잃는다.

14. 수능에서 평정심을 잃고 조바심을 내는 순간 모든 것을 잃을 수 있다.

15. 수능은 작은 변수 하나가 전체 결과에 큰 영향을 미친다.

과외와 상담을 진행하면서 제가 자주 받은 질문들을 정리해 보았습니다. 주로 공부 방법과 의과대학 입학 후의 진로에 관한 질문들이 많았습니다. 이에 대해 제 개인적인 경험과 견해를 바탕으로 답변을 작성했습니다. 다만 이는 어디까지나 개인의 의견이므로 참고용으로만 활용해주시길 바랍니다.

1. 하루에 공부를 몇 시간 해야 할까요?

다음 날의 컨디션에 무리가 가지 않는 한, 최대한 많은 시간을 공부에 할애하는 것을 추천합니다. 저는 하루 5시간의 숙면과 20분씩 3번의 낮잠으로도 충분히 좋은 컨디션을 유지할 수 있었습니다. 고등학생 때는 현실적으로 어려웠지만, 재수생 때는 하루 평균 15시간 정도 공부했습니다. 개인차가 있을 수 있으니, 자신의 상황과 체력을 고려하여 적절히 공부 시간을 조절하는 것이 중요하다고 생각합니다.

2. 과목별로 수능 공부는 어떻게 해야 할까요?

정시는 길게 보고 꾸준하게 공부하는 게 중요하다고 생각합니다. 전 과목을 매일 조금씩이라도 공부하되, 약점인 과목을 조금 더 공부하길 추천합니다. 저는 국어, 화학이 약점이었고 수학이 강점이어서, 과목별 학습 비중을 국어(2) 수학(1) 영어(1) 화학(1.5) 지구과학(1) 정도로 유지했습니다. 중요한 점은 약점인 과목을 공부하는 데 시간을 많이 할애하되, 그 과목에 집중하느라 다른 과목 공부를 제쳐두면 안 된다는 것입니다. 상위권 대학을 목표로 하는 이과 수험생에게는 국어(1.5) 수학(2.5) 영어(1) 탐구1(1) 탐구2(1)를 추천하고 있습니다. 다만, 매년 과목별로 난이도를 달라지는 경향이 있으니, 어느 정도 트렌드를 반영해서 공부하길 추천합니다.

3. 수험생 때 어떤 생각을 하면서 공부하나요?

저는 하루 공부가 끝나고 집에 돌아갈 때 '어제의 나와 비교해서 오늘의 내가 만족스러운 날이 되어야 한다'라는 생각

수능 성공 7단계 법칙

으로 공부했습니다. 그리고 '내가 잘 모르는 부분은 수능에 반드시 나온다'라는 생각으로, 강한 파트보다는 상대적으로 약한 파트를 집중적으로 공부하려고 노력했습니다. 추가로, 수능을 공부하는 과정에서 선택의 순간들이 주기적으로 오고 그때마다 고민의 순간을 경험했습니다. 저는 '이 선택을 하면 수능 성적을 받을 때, 선택했던 것을 후회할까?'를 항상 판단의 기준으로 삼았습니다.

4. 모의고사를 분석하는 게 의미가 있나요?

네. 있습니다. 시험이란 주어진 시간 안에 문제를 해결하는 과정입니다. 제한된 시간 안에서 막힘없이 문제를 풀어내는 것이 고득점의 열쇠입니다. 기출문제를 반복해서 풀고 꼼꼼히 분석할수록, 문제 유형을 빠르게 파악하고 출제자의 의도를 파악할 수 있게 되어 문제를 훨씬 수월하게 풀 수 있게 됩니다. 이 과정은 결국 고득점으로 이어지는 데 큰 도움이 된다고 생각합니다.

5. 오답 노트와 실수 노트 중 어떤 것을 더 추천하나요?

저는 실수 노트를 추천합니다. 오답 노트가 틀린 문항을 분석하고 부족한 개념을 채워가는 것이라면, 실수 노트는 문제 풀이 과정에서 자신이 저지른 실수를 찾고, 같은 실수를 반복하지 않게 만드는 것입니다. 특히 수능에서는 시중에 출판된 모든 문제집이 스크리닝되기 때문에, 같은 문제가 출제될 가능성이 거의 없어서 오답 노트의 효과가 상대적으로 떨어질 수 있습니다. 따라서 같은 실수를 반복하지 않는 것이 성적 향상에 훨씬 더 효율적이므로, 먼저 실수 노트를 만드는 것을 추천합니다. 간혹 적중했다고 광고하는 학원, 선생님이 있는데 해당 문항을 자세히 보면 큰 틀만 유사하고 절대 같은 문제가 아니므로, 얼토당토 하지 않는 말을 하는지 꼭 확인해 볼 필요가 있습니다.

또한, 오답을 위한 오답 노트는 전혀 의미가 없다고 개인적으로 생각합니다. 중요한 것은 틀린 문항에 대해서 제대로 분석하고, 다음에 같은 유형의 문제를 틀리지 않도록 하는 것이며, 그럴 때 오답 노트가 의미가 있습니다.

6. 교육청, 평가원, 사설 모의고사 중 어느 것을 풀어야 할까요?

모의고사별로 특징을 알아야 하고, 자신의 학습 상태에 맞게 골라서 활용하는 것이 중요합니다. 교육청 모의고사는 현재 자신의 상태를 점검하는 데 가장 효과적이라고 생각합니다. 즉, 학생 스스로 자신이 어떤 부분이 약하고, 강한지 주기적으로 파악하는 데 도움이 됩니다. 따라서 부족한 부분을 파악하고, 학습 후 부족한 부분이 개선되었는지 확인하고 싶다면 교육청 모의고사를 풀어야 합니다.

평가원 모의고사에 출제되는 유형은 수능에서도 그대로 다루어지는 경우가 많아서 수능 고득점을 목표로 한다면 반드시 공부해야 합니다. 특히, 교육청 모의고사에서 고득점을 받고, 어느 정도 기본 개념을 충분히 이해하고 있는 수험생이라면 더욱 추천합니다. 또한, 수능에서는 시간 관리가 핵심이므로, 평가원 모의고사를 풀 때 체크 포인트를 활용한 학습(4장 참고)을 추천합니다. 평가원 모의고사는 문항 배치와 지문/문항별 난이도까지 세밀하게 고려되어 출제된 만큼, 수험생에게 매우 귀중한 자료이기 때문입니다.

사설 모의고사는 전반적인 난이도가 높은 경우가 많습니다. 따라서 킬러 문항을 대비하고 싶은 수험생 또는 6월과 9월 평가원 모의고사 변형 문제를 풀고 싶은 수험생들에게 추천합니다.

7. 교육청, 평가원, 사설 모의고사를 푸는 시기는 언제가 좋을까요?

저는 1~4월에는 개념이 제대로 안 잡히는 부분을 교육청 모의고사 중심으로 파악하고자 했습니다. 5월부터는 평가원 모의고사를 중심으로 공부하면서 6월과 9월 평가원 모의고사, 그리고 수능시험에 익숙해지려고 노력했습니다. 9월 이후에는 사설 모의고사를 병행하면서 킬러 문항에 대비했습니다. 사설 모의고사는 6월, 9월 평가원 모의고사에 출제된 신유형들에 대해 변형 문제를 풀기 위한 목적도 있었습니다. 국어는 이감 모의고사와 상상 모의고사, 수학은 현우진 모의고사, 영어는 이명학 실전 모의고사, 화학은 정훈구 모의고사와 박상현 모의고사, 지구과학은 오지훈 모의고사 중심으로 풀었습니다. 그 외 사설 모의고사는 풀 수 있는 시간이 있거나 주변 최상위권 학생들이 추천하는 때에만 풀었습니다.

8. 상위권이 되면 수능 문제를 봤을 때 어떻게 풀어야 할지 바로 보이나요?

변별력 문제를 제외하면 그렇습니다. 머리가 좋다기보다는 수많은 문제 풀이가 뒷받침되고 문제 유형 분석과 출제자 의도 파악 연습을 많이 했기 때문이라고 생각합니다. 수능에서 다루어지는 유형은 어느 정도 정해져 있어 기출문제를 반복 학습한다면 유형을 빠르게 파악할 수 있습니다. 4번 질문에 대한 답처럼, 문제를 보자마자 어떤 유형인지 아는 순간 고득점의 길이 열립니다. 저는 과목별로 5개년 기출문제는 최소 5

번 이상 반복 학습했습니다.

9. 킬러 문항을 공부해야만 고득점을 얻을 수 있을까요?

아니요. 최상위권을 목표로 하는 수험생들에게 가장 많이 받는 질문 중 하나로, 많은 학생이 오해하고 있다고 생각합니다. 안정적인 고득점이 나오기 위해서는 킬러 문항이 아닌, 그 외의 문제들을 빠르고 정확하게 풀어야 합니다. 애초에 킬러 문항은 변별력을 위한 문제로 난이도가 상당히 높고, 시간이 확보되지 않으면 풀기 어렵습니다. 즉, 킬러 문항이 아닌 나머지 문제들을 빠르고 정확하게 풀어서 시간을 확보하는 길만이 킬러 문항을 풀 수 있는 조건이 됩니다. 킬러 문항 1~2문제를 위한 공부가 아니라, 나머지 문제를 다 맞히는 것과 동시에 빠른 풀이로 시간을 확보하는 것을 목표로 공부해야만 최종적으로 최상위권이 될 수 있습니다. 그 후에 킬러 문항을 공부해도 전혀 늦지 않다고 생각합니다.

10. 성적이 우수한 학생들의 비결은 무엇이라고 생각하나요?

저는 상위권부터 하위권까지 다양한 성적대의 수험생들과 300회 이상 상담했습니다. 수험생 대부분이 성적과 상관없이 열심히 노력한다는 느낌을 받았지만, 상위권 학생들은 공부 외적인 부분을 전략적으로 관리한다는 점에서 차이를 보였습니다. 이들은 공부 방법, 수능 마인드셋, 실수 줄이는 법, 이미지 트레이닝, 마인드 컨트롤 등에서 확연한 차이를 보였습니다. 저는 수학에 공식이 있듯이, 수능에도 공식이 있다고 생각하고 이를 7단계 법칙으로 체계화했습니다. 이 책을 읽는 수험생들이 이 법칙들을 체화한다면, 수능에서 큰 성과를 거둘 수 있을 거라고 확신합니다.

11. 주변 친구들이 ○○문제집을 푸는데 저도 따라서 풀어야 할까요?

아니요. 주변 친구들의 평균 성적이 어떤지부터 먼저 파악해야 합니다. 항상 자신의 실력보다 한 단계 높은 학생들이 학습하는 문제집을 선택해 공부하는 것을 추천합니다. 주변 친구들보다 당신의 실력이 한 단계 위라면, 그들이 풀고 있는 문제집은 당신에게 비효율적일 수 있습니다. 단, 기출문제집은 성적과 상관없이 누구나 반드시 여러 번 반복해서 풀어야 합니다.

참고로 인강의 경우, 과목별로 일타 강사 선생님들의 강의로 시작하는 게 좋습니다. 이후 여러 강사의 강의를 들어보며 다양한 풀이 방법들을 익혀두는 것이 향후 많은 도움이 됩니다. 참고로, 저는 과목별로 강사 2~3명 정도의 인강을 수강했습니다.

12. 목표를 어떻게 정하고 누구랑 의논해야 할까요?

본문에서 자세히 다뤘지만, 목표는 구체적일수록 좋으며, 가능하다면 생생하게 정하는 것을 추천합니다. 수능 성적표가 나온 후에는 맞춤형 대입 전략을 세우기 위해 서울에 있는 학원에서 상담받는 것이 여러모로 유리합니다. 다만, 수능 시험을 보기 전에는 부모님과 함께 '수험생의 고민'과 '부모와 자녀의 목표'에 대해 충분히 의논하는 시간을 가져보길 권장합니다.

제가 300회 이상 상담하면서 느낀 점은, 학부모와 수험생의 시야가 다르다는 것입니다. 학부모는 좋은 대학 진학을 목표로 삼고 이를 위해 좋은 성적이 필수라고 생각하지만, 수험생은 수능 시험 자체가 인생의 전부처럼 느껴져 시험 점수만을 목표로 하게 됩니다. 수험생은 당장 다음 주, 다음 달에 있는 시험이 더 걱정되어, 대학 입시보다 시험 성적이 더 크게 와닿게 됩니다. 이 차이를 인정하지 않으면 부모와 자녀는 서로 이해하지 못하고, 수험생은 혼자 목표를 정하게 될 위험이 있습니다. 하지만 혼자서 구체적인 목표를 세우는 데는 많은 어려움이 따르므로, 부모님이 수험생과 함께 의논하고 적극적으로 도와주어야 합니다.

참고로 상담하면서 자녀와 깊이 있는 대화를 했다고 말한 학부모는 300명 중 30명이 채 되지 않았습니다. 놀랍게도 최종 결과에서 그 학부모의 자녀들은 서울대, 연세대, 의대에 합격해서 목표를 이루게 되었습니다. 어찌 보면 당연한 결과입니다. 집에서 '진로에 대한 구체적인 목표'에 관해 꼭 대화해보는 것을 추천합니다.

13. 사교육은 필요하다고 생각하나요? 작가님도 사교육을 받았나요?

네, 필요하다고 생각합니다. 〈1장. 수능 성공을 원한다면〉에서도 언급되지만, 고등학교 수업은 수능 대비보다는 기초적인 내용에 중점을 두기 때문에 수능을 준비한다는 느낌을 받기 어려웠습니다. 그래서 고등학교 1학년 때부터 수능 대비를 위해 동네 학원을 다녔고, 고등학교 3학년이 되었을 때는 일타 강사 인강을 추가해서 공부했습니다. 그 당시에는 알지 못했지만, 만약 재수생 커리큘럼으로 고등학교 1학년 때부터 공부했다면, 현역 수능에서 더 좋은 수능 성적을 받아볼 수 있지 않았을까 생각합니다.

저는 서울에서 재수학원을 다니며 입시는 결국 정보 싸움이라는 말을 실감했습니다. 수능 공부 커리큘럼부터 입시 전략까지, 얼마나 많은 정보를 알고 있느냐가 생각보다 결과에 큰 영향력을 미치는 것을 느꼈습니다.

또한, 개인적으로 시간 활용 측면에서 수험생 대부분에게 사교육은 필요하다고 생각합니다. 사교육은 시험에 출제되는 핵심만 강의하는 경향이 있어 단기간에 성적을 향상하는 데 큰 도움이 되기 때문입니다. 하지만, 수험생마다 성격과 학습 성향이 다르다는 것을 반드시 알아야 합니다. 단순히 사교육을 많이 받으면 좋다고 생각하고 빡빡한 스케줄 속에서 수험 생활을 하다가 지쳐 아예 공부에서 멀어지는 경우도 많이 봤습니다. 모든 상황은 부모와 수험생인 자녀가 충분한 대화가 이루어졌을 때 결정하는 것을 추천합니다.

14. 독학 재수학원과 재수 종합학원 중 어디가 더 좋을까요?

독학 재수학원과 재수 종합학원 중에 선택할 때는 최종 목표와 의지력을 고려해야 합니다. 일반적으로 전년도 입시 결과를 보면 재수 종합학원이 더 좋은 편입니다. 그래서 최상위권 대학을 목표로 한다면 재수 종합학원을 추천하고, 중상위권 대학을 목표로 한다면 독학 재수학원을 추천합니다. 독학 재수학원은 자기주도 학습 시간이 많은 만큼 부족한 실력을 메꾸는 데 도움은 되지만, 1년간 혼자만의 싸움이기 때문에 공부 의지가 객관적으로 뛰어난 게 아니라면 수능까지 쉽지 않은 길이 될 수 있습니다.

반면에 재수 종합학원은 자기주도 학습 시간은 적지만, 우수한 성적의 수험생들이 더 많이 다니기 때문에 선의의 경쟁도 가능하고 주위로부터 좋은 영향을 많이 받을 가능성이 큽니다. 저는 스스로 공부 의지가 강하지 않다고 생각했고, 최상위권 대학을 목표로 둔 수험생들과 경쟁하고 싶어 재수 종합학원에 다녔습니다.

15. 재수생들이 수능 시험에서 유리하다고 생각하나요?

네. 현역과 똑같이 열심히 공부한다는 전제라면 압도적으로 유리하다고 생각합니다. 재수생들은 1년간 오로지 수능 공부만 할 수 있지만, 현역의 경우 내신, 수행평가, 주요 과목이 아닌 과목 등 신경 쓸 것들이 많기 때문입니다. 그래서 현역들도 재수생 못지않게 수능 경쟁력을 갖출 수 있도록 이 책을 통해 '공부하는 방법'과 '성적 향상을 끌어내는 방법'을 알려드리고자 했습니다. 무엇보다, 저는 '공부하는 방법'을 제대로 배우지 못해서 성공하기까지 오래 걸렸지만, 이 책을 통해 이 두 가지를 배운다면 당신은 더 빠르게 꿈을 이룰 것으로 생각합니다.

16. 재수할 때 어려운 점은 없나요?

있습니다. 먼저 수능과 입시에서의 실패는 열아홉 살의 나이에 겪을 수 있는 가장 큰 좌절 중 하나라고 생각합니다. 심리적으로 큰 상처를 받을 수 있으며, 졸업한 친구들이 우리가 목표로 하는 대학교에 진학해 즐겁게 지내는 모습을 보면 부러움과 상실감을 느낄 수 있습니다. 고3 시절에는 친구들과 가볍게 "수능 못 보면 뭐 재수하지"라고 말할 수 있었지만, 재수생이 되고 나면 "안 되면 삼수하지"같은 말은 장난으로도 절대 하지 않게 됩니다. 그만큼 재수생들은 이번 해에 반드시 성공해야 한다는 압박감을 느끼며, 더 큰 긴장 속에서 공부하게 됩니다. 이런 점들이 주기적으로 힘들게 느껴졌던 것 같습니다.

17. 재수한 것을 후회하진 않나요?

물론 현역으로 바로 진학했다면 좋았겠지만, 후회하지는 않습니다. 재수 기간 동안 어떻게 공부해야 하는지를 배우게 되었고, 세상에는 정말 뛰어난 수험생들이 많다는 것도 깨달았습니다. 그 덕분에 저는 더 노력할 수 있었고, 결국 최고의 의과대학에 입학할 수 있었다고 생각합니다.

또한, 큰 실패를 겪었지만 이를 딛고 일어나 성공을 이뤄

낸 경험을 통해, 저는 무엇이든 최선을 다하면 해낼 수 있다는 긍정적인 가치관을 확립하게 되었습니다. 재수를 통해서 최선을 다한다면 꿈을 이룰 수 있다는 것을 알게 되었기 때문에, 재수한 것에 관해 후회는 전혀 없습니다.

18. 수시, 정시 외의 전형은 없을까요?

학교별, 학과별로 다르니 반드시 대학교 입학처 홈페이지에 들어가서 찾아봐야 합니다. 수시도 크게 논술과 학생부 전형으로 나뉘어있지만, 고등학교 모든 과목의 성적을 고려하기도 하고, 주요 과목 성적만 고려하기도 하고, 학년별 혹은 과목별 반영 비율도 다릅니다. 정시도 수능 성적만을 판단하는 대학교도 있지만, 일부 내신도 고려하고 정시 면접이 포함된 전형도 있습니다. 무조건 나는 어떤 전형이라고 생각하지 말고, 자신에게 가장 유리한 전형을 꼭 직접 찾아보기를 바랍니다.

제가 입학한 연세대학교 의과대학은 과학 인재 전형, 재외국민 전형, 군위탁 전형 등이 추가로 있어서 이런 전형으로 합격한 분들도 많습니다. 수능 성적도 중요하지만, 입시는 정보 싸움입니다. 참고로 저는 학생부보다는 논술이 유리하다고 생각하여 논술을 준비했고, 수능 결과 나군 연세대학교 의과대학 합격 컷을 충분히 넘겼기 때문에 논술을 보러 가지 않았습니다. 또한, 정시 면접도 보러 갈 생각이 없어서, 당시에 다군 정시 면접이 있는 아주대학교 의과대학은 지원하지 않았습니다.

19. 학생부에 기재할 내용을 많이 만들어 놓는 게 좋을까요?

가장 답하기 어려운 질문입니다. 저는 상담할 때, 미래는 전혀 예측할 수 없으니 고등학교 1, 2학년 때는 학생부 스펙에 기재할 수 있는 내용을 준비하되, 고등학교 3학년 때는 수능을 중심으로 집중하라고 합니다. 특히, 자기소개서 폐지로 학생부 종합전형에서의 서류평가는 전적으로 학교생활기록부에 의존하게 되어, 다양한 활동의 중요성은 더 높아질 것으로 생각됩니다. 수능을 공부하라고 하는 이유는, 스펙은 모두 갖추었지만 수능에서 최저 등급을 맞추지 못해 입시에서 떨어지는 경우가 있기 때문입니다. 2025학년도부터는 점차 최저 등급이 사라지고 있다고 하니 전략을 잘 세워야 합니다.

참고로 최상위권 대학/학과를 목표로 할수록 과감한 전략을 펼칠 필요도 있습니다. 제가 입학할 당시, 서울 내 고등학교에서 학생부 종합전형, 학생부 교과전형을 포함하여 전 과목 내신 1.0등급만 연세대학교 의과대학에 합격했습니다.

즉, 연세대학교 의과대학을 목표로 하는데, 전 과목 내신 1.0 등급을 유지하지 못한다면 과감하게 논술이나 수능만을 대비하는 전략도 고민해 볼 필요가 있다고 생각합니다. 참고로 2017학년도 기준, 입시설명회에서 을지대학교 의과대학은 주요 과목 내신 1.2등급 정도라면 학생부 종합전형을 고려해 볼 수 있다고 상담받았던 기억이 있습니다. 앞서 말했지만, 무조건 나는 어떤 전형이라고 확정적으로 생각하지 않기를 바랍니다.

20. 논술 공부는 언제부터 해야 하나요?

고등학교 2학년 겨울방학부터는 조금씩 꾸준하게 하는 것을 추천합니다. 간혹 고등학교 3학년이 되고 나서 논술을 대비한다고 논술 공부에 시간을 많이 쓰는 수험생들이 있는데, 수능 최저 등급을 맞추지 못해 탈락하는 경우가 많습니다. 상위권 대학교의 경우 수능 최저 등급이 있어 반드시 수능 성적부터 확보하는 것을 추천합니다. 수능 전에는 주 1회 논술을 수업하는 학원들이 있고, 수능 후에는 특강 형식으로 매일 논술을 수업하는 학원들이 많습니다. 다만, 수능 이후 1~2주간 집중적으로 논술 수업을 듣고 공부한다고 논술 실력이 급격하게 느는 것은 아니니, 주 1회 2~3시간이라도 꾸준하게 하는 것을 추천합니다. 반드시 학원에 다닐 필요는 없으나, 학원에 다닌다면 논술 작성 노하우를 빠르게 습득하는 데 도움을 받을 수 있습니다.

21. 1등급만 받으면 원하는 대학/학과에 진학할 수 있나요?

상위권 대학과 학과를 목표로 할수록 단순히 1등급을 받는다고 해서 무조건 원하는 대학/학과를 진학할 수 있는 것은 아닙니다. 특히 최근 가장 인기 있는 의대, 치대, 한의대를 목표로 할 경우, 전 과목 1등급을 받아도 한 문제 차이로 지원이 가능한 대학교가 달라지거나 불합격할 가능성이 커질 수 있습니다. 예를 들어, 제가 입학한 연세대학교 의과대학 정시 전형에서는(2017학년도), 수학과 과학 탐구는 백분위 환산점수가 국어와 영어에 비해 1.5배 반영되었습니다. 쉽게 설명하자면, 수학 4점짜리 한 문제는 6점으로 계산되었고, 국어 2점짜리 한 문제는 그대로 2점으로 반영되었다는 의미입니다. 따라서 '어떤 과목에서 몇 문제를 틀리느냐'가 지원 전략에 큰 영향을 미치기 때문에, 단순히 1등급을 맞는다고 해서 원하는 대학과 학과에 갈 수 있는 것은 아닙니다. 참고로, 재수학원에서 함께 공부한 친구는 저랑 원점수는 같았지만, 수학과 과학에서 틀려 성균관대학교 의과대학을 지원해야 안전한 상황이었습니다.

22. 시험 종료 직전, 못 푼 문제를 푸는 것과 검토하는 것 중 어떤 것을 추천하나요?

우선 첫 번째로 남은 시간을, 두 번째로 전체적인 시험 난이도를 고려해야 합니다. 예를 들어 수학에서 못 푼 문제가 킬러 문항이라면, 10분 정도는 필요합니다. 만약 시험 종료까지 그 정도의 시간이 남아있지 않다면, 못 푼 문제를 풀기보다는 검토하는 것이 더 현명합니다.

두 번째로 전체적인 시험 난이도가 높다면 검토에 집중하는 것이 유리하지만, 난이도가 쉽다면 못 푼 문제를 푸는 것이 좋습니다. 그 이유는 1등급 컷이 시험 난이도에 따라 달라지기 때문입니다. '1등급'은 고정된 점수가 아니라, 쉬운 시험에서는 컷이 올라가고, 어려운 시험에서는 컷이 내려갑니다. 심지어 난이도 조절 실패로 수능에서 1등급 컷이 만점일 때도 있었습니다. 2015학년도 수능 수학(이과)의 1등급 컷은 100점이었고, 2021학년도 수능 물리1과 2024학년도 수능 생활과 윤리, 윤리와 사상, 한국 지리, 세계사 등 모두 50점을 맞아야만 1등급을 받을 수 있었습니다. 이런 경우 단 한 번의 실수만으로도 2등급이 나오니 절대 실수해서도 안 되고, 1등급 컷이 100점이라도 항상 다 맞겠다는 마인드로 충분히 준비해야 합니다.

참고로, 저는 모든 과목에서 만점을 목표로 했기 때문에 시간이 남으면 검토하기보다 못 푼 문제를 풀었습니다. 다만, 이미 푼 문제에 대해서는 절대 실수가 없도록 철저히 실수 노트를 만들어 수능을 대비했습니다. 실제로 수능 당일, 화학1에서 킬러 문항인 한 문제를 제외하고 모두 풀고 시간이 남았습니다. 그때 저는 실수하지 않았다는 확신이 있어 킬러 문항에 집중해 문제를 풀었습니다.

23. 정시 지원 전략 설명회는 가야 할까요?

올해 수능을 보는 수험생이라면 적어도 수능 이후에 있는 설명회는 가능하면 다 가보는 걸 추천합니다. 고등학교 1, 2학년이라면 일 년에 1~2회 정도는 참석해 보는 경험을 갖는 것을 추천합니다. 정시 배치표는 어떻게 보는 것인지, 나의 위치는 어디에 있는지, 목표 대학/학과 점수가 어떻게 되는지, 앞으로 어떤 과목을 신경 써서 공부해야 하는지 등 다양한 부분에 도움이 될 수 있습니다. 물론, 올해 수능을 보는 자녀를 둔 학부모라면 모든 설명회에 가능한 한 참석하고 자녀와 내용을 공유하길 추천합니다.

24. 어느 대학에 입학하느냐가 정말 중요하다고 생각하나요?

가치관에 따라 다를 수는 있겠지만, 저는 중요하다고 생각합니다. 수능 결과는 단순히 대학 입학만을 결정하지 않기 때문입니다. 어느 대학교에 진학하느냐에 따라 주된 관심사, 자아존중감, 사회경제적 능력, 그리고 미래의 직업 선택까지 영향을 받을 수 있습니다. 또한, 선후배 등 우리를 둘러싼 인간관계에도 상당한 영향을 미칠 수 있습니다. 최근 대학의 중요성이 점차 감소하고 있다는 의견도 있지만, 제가 보기에는 여전히 좋은 대학교가 제공하는 이점들이 강력하다고 생각합니다.

25. 의대에 입학하게 되면 커리큘럼은 어떻게 되나요?

학교마다 커리큘럼이 다릅니다. 학/석사통합과정이 아니라면 일반적으로는 예과 2년과 본과 4년을 포함해 총 6년 동안 학교에 다니게 됩니다. 예과는 다른 학과랑 비슷하게 학기제로 운영되지만, 본과는 학교에 따라 학기제와 분기제로 나뉩니다. 학기제인 경우, 방학이 다른 학과보다 두 달 정도 짧고, 분기제인 경우 연간 4번의 방학이 있지만 각 방학 기간이 1~2주로 짧습니다. 예과 기간에는 전공과목과 교양과목을 배우며, 2년 동안 약 80학점을 이수합니다. 일부 대학에서는 본과 공부가 학습량이 많아 학생들의 부담을 줄이고자 예과 2

학년 2학기 때부터 본과 수업을 시작하기도 합니다.

본과 1학년부터는 본격적인 의학 공부를 하게 되며, 졸업까지 4년 동안 약 110~120학점을 이수합니다. 본과 1, 2학년에는 의학 이론을 공부하고, 본과 3, 4학년에는 PK(poly klinic)라고 해서 여러 임상과를 실습하게 됩니다. 언제 임상과를 정해야 하는지 많은 질문이 있지만, 졸업 후 인턴 수료 후에 결정하게 됩니다. 임상과는 본과 기간에(특히 임상실습을 하는 3, 4학년) 흥미를 느꼈던 과목이나 실습하면서 자신에게 적합한 과를 먼저 고려하게 됩니다.

26. 의대는 예과 2년, 본과 4년으로 구성된다고 하는데 예과 2년의 성적이 중요한가요?

인턴 혹은 레지던트 지원 시, 예과 성적보다 고려해야 할 중요한 요소들이 더 많아 예과 성적은 크게 중요하지 않다고 생각합니다. 다만, 예과 2학년 2학기에 본과 과목이 있다면 그 과목 성적은 중요할 수 있습니다. 그러나 의사라는 직업은 특별한 경우가 아니라면 일반적으로는 은퇴할 때까지 다른 분야를 깊게 배울 시간이 부족하기에, 예과 2년 동안 교양과목 혹은 취미 활동 등 다양한 경험을 하는 것을 추천합니다.

27. 의대를 졸업하면 의사가 되는 건가요?

아니요. 졸업과 별개로 의사국가고시 실기시험과 필기시험 모두 통과해야만 합니다. 졸업은 의사국가고시 시험을 볼 자격이 되는 것이고, 의사국가고시 시험을 통과해야만 의사면허증이 발급되어 의사 일을 할 수 있게 됩니다. 참고로 실기시험은 본과 4학년 9~10월쯤에 보고, 필기시험은 졸업하기 전 1월 초에 보게 됩니다.

28. 의대 졸업 후에 어떤 진로로 나아가게 되나요?

일반적으로는 의대를 졸업하면(2024년 기준) 크게 3가지 경로가 있습니다. 첫 번째는 인턴(1년)을 마친 후 레지던트(전문의 과정, 보통 4년)를 진행하는 것입니다. 이 과정이 가장 일반적입니다. 참고로, 최근 인턴 2년제 도입에 대한 논의가 활발히 진행되고 있습니다. 만약 이 제도가 도입된다면, 현재보다 수련 기간이 길어지게 되어 졸업생들이 이를 기피 할 가능성이 커질 것으로 예상됩니다.

두 번째는 GP(general practitioner)로, 인턴과 레지던트 과정을 거치지 않고 대학병원이 아닌 병원에서 의사로 일하는 것입니다. 이는 대개 GP로 활동하는 한의사나 치과의사 대부분이 비슷하다고 할 수 있습니다.

세 번째는 남성의 경우 군 복무를 하는 것입니다. 졸업할 때만 현역 지원이 가능하며, 지원 시 학과 특성을 고려한 가점을 받아 의무병이 될 가능성이 큽니다. 의무병이 다른 현역 장병들보다 보통 편하다고 하고, 졸업 전에도 현역 지원이 가능합니다. 그러나 인턴 혹은 레지던트를 하는 경우, '의무사관후보생 서약서'를 사전에 작성하게 됩니다. '의무사관후보생 서약서'란 수련을 중도 포기하거나 수련을 끝까지 마쳐 수료한다면 반드시 군의관이나 공중보건의사로 가야 한다는 서약입니다. 현역과 비교했을 때 38개월이라는 긴 군 복무기간이 뒤따릅니다. 또한, 현역 장병 월급이 계속 인상되고 있어, 현재는 졸업 전 혹은 졸업 시 인턴을 지원하지 않고 18개월 현역 군 복무를 마치는 것이 트렌드가 되어가고 있습니다. 경제적 소득, 레지던트 지원, 결혼 시기, 긴 복무기간, 군의관과 공보의가 노출되는 각종 의료 소송 리스크 등을 고려했을 때, 현역으로 군 복무하기를 선배로서 강력하게 추천합니다. 여자 의사라면 군 복무 문제를 걱정할 필요가 없으니, 이 점에서 유리합니다.

29. 가능하면 입학하지 말아야 할 의과대학이 있을까요?

파산 위기에 처했거나 한국의학교육평가원(의평원)으로부터

의학교육 평가인증을 받지 못할 가능성이 큰 의과대학은 입학을 피하는 것을 추천합니다. 2017년 2월 2일 서남대학교가 파산을 신청하였고, 결국 2018년 폐교가 확정되었습니다. 서남대학교 의과대학은 의평원으로부터 인증받지 못해 재학생과 졸업생은 의사국가고시 응시 자격을 잃었습니다.(의료법 제5조 제1항, 고등교육법 제11조 제2항) 파산 위기에 처했던 만큼 서남대학교 의대생들은 교육을 제대로 받지 못하고 다른 병원에서 실습을 힘겹게 이어 나갔다고 합니다.

또한, 2025년 의대 정원 증원이 예상되는 지방 의과대학 중 일부는 의평원의 92개 평가인증 기준을 충족하지 못할 가능성이 큽니다. 만약 의평원 인증에서 탈락하면, 재학생은 물론 졸업생들까지 미국 의사 자격시험인 USMLE 응시 자격을 박탈당하게 됩니다. 참고로 미국 의사가 되기 위해서는 졸업 전에 준비해야 하는 것들이 많아 응시 자격을 잃는다는 것은 심각한 문제입니다. 그리고 졸업 후보다는 졸업 전에 준비해야 미국 의사가 되는 것이 유리하다고 합니다. 따라서 가능하다면 의평원 인증 탈락 위험이 적은 인in서울 의과대학에 입학하는 것을 추천합니다. 의평원은 미국으로부터 일부 자격을 위임받아 평가하기 때문에, 의평원으로부터 인증받지 못하면 해외에서도 의과대학 졸업을 인정받지 못하게 됩니다.

수능 성공 7단계 법칙

참고로, 의사로서의 미래 전망이나 미국 의사가 되는 방법에 대해 더 알고 싶다면, 유튜브 채널 '이주영 도미연구소'를 참고하면 좋습니다. 마지막으로 의사 선배로서 미국 의사가 되기를 강력하게 추천합니다.

30. 어떤 임상과 의사가 좋을까요?

특별히 '좋은' 임상과는 없습니다. 한 번 선택하면 평생 그 분야에서 일해야 하므로, 가장 중요한 것은 본인이 흥미를 느끼는 임상과를 선택하는 것입니다. 본과 1, 2학년 때 배우는 이론과 본과 3, 4학년 때 진행하는 임상실습을 통해 가장 끌리는 과를 찾는 것이 좋습니다. 졸업까지 6년 동안 자신이 어떤 분야에 흥미를 느끼는지 발견하는 과정이니, 매년 최선을 다해 공부하기를 추천합니다.

참고로 최근 의대 입학 시점에서 임상과를 미리 정해야 한다는 주장들이 있습니다. 하지만 이는 현실적으로 불가능하며, 그런 제도를 도입하는 학교가 있다면 반드시 피하는 것을 추천합니다. 의학에 대해 전혀 알지 못하는 사람이 도입했을 가능성이 크기 때문입니다. 이 주장을 비유하자면, 과학을 처음 접하는 초등학생에게 수능에서 시험 볼 과학 탐구 과목을 미리 정하라는 것과 다름없습니다.

나의 수능 성적표는 대학수학능력시험 성적증명서 발급시스템 사이트에서 발급 후 스캔했다. 개인정보 보호를 위해 일부 정보를 가렸으나, 성적표의 진본임을 증명하기 위해 문서번호를 기재했다.

2015학년도 대학수학능력시험 성적증명서

수험번호	성 명	생년월일	성 별	출신고교(반 또는 졸업 연도)	
■■■	김성진	■■■	남	■■■■■	

구 분	국어 영역	수학 영역	영어 영역	과학탐구 영역		제2외국어/한문 영역
	A형	B형		화학I	생명 과학II	-
표준점수	124	122	129	61	53	-
백분위	89	91	94	86	59	-
등급	2	2	2	3	4	-

2015학년도 수능 성적표 (문서번호 3509-2205-3724-2669)

2016학년도 대학수학능력시험 성적증명서

수험번호	성 명	생년월일	성 별	출신고교(반 또는 졸업 연도)
■■■	김성진	■■■	남	■■■

구분	국어 영역	수학 영역	영어 영역	과학탐구 영역		제2외국어/한문 영역
	A형	B형		화학I	생명 과학II	-
표준점수	117	124	131	67	64	-
백분위	76	96	97	99	96	-
등급	3	1	1	1	1	-

2016학년도 수능 성적표 (문서번호 2809-2205-3724-2659)

2017학년도 대학수학능력시험 성적증명서

수험번호	성 명	생년월일	성 별	출신고교(반 또는 졸업 연도)
■■■	김성진	■■■	남	■■■

구분	한국사 영역	국어 영역	수학 영역	영어 영역	과학탐구 영역		제2외국어/한문 영역
			가형		화학I	지구 과학I	-
표준점수		132	130	136	71	69	-
백분위		98	100	98	100	100	-
등급	1	1	1	1	1	1	-

2017학년도 수능 성적표 (문서번호 4109-2205-3724-2679)

합 격 확 인 서

성　　명 : 김성진

생년월일 : █████

전　　형 : 일반전형(일반계열)

모집단위 : 의예과

수험번호 : DAEO█████

　　위 학생이 연세대학교 2017학년도 정시모집 의예과에 지원하여 합격하였음을 확인합니다.

2017년 1월 16일

연세대학교 의과대학 합격확인서(정시 전형 (나군))

합 격 증

(학생보관용)

■ 전　　　　　형 : 정시(가군)-수능100

■ 모집단위(수험번호) : 의예과 █████

■ 성　명(생년월일) : 김성진 █████

　　위 사람은 본교 2017학년도 정시모집에 합격하였음을 확인합니다.

2017년 01월 16일

경희대학교 의과대학 합격확인서(정시 전형 (가군))

합 격 통 지 서
(2017학년도 정시모집)

수험번호 : ■■■■■   성 명 : 김성진

전형구분 : (다군)일반   모집단위 : 의예과

위의 학생은 2017학년도 본 대학교

정시모집에 합격하였음을 통지합니다.

2017년 2월 6일

인 하 대 학 교 총

인하대학교 의과대학 합격확인서(정시 전형 (다군))

$\boxed{\text{실수 노트}}$

연습을 실전처럼, 실전을 연습처럼!

모의고사 당일, 수능이라고 생각하고 실수 노트를 정독하시길 바랍니다.

☑ '나만의 실수 노트' Tip

1. 실수 유형은 1~2문장으로 간단히 정리하고, 반복해서 읽습니다.
   그래야 같은 실수를 반복하지 않습니다.

2. 반복 횟수에는 몇 번째 실수를 반복하는지 꼭 기록하세요.

3. 가장 중요한 것은 '앞으로 이 실수를 어떻게 줄일 수 있을까?'를 깊이 고민하는 것입니다.

나만의 실수 노트(올해 수능 주인공: _____)		
과목 체크(국어/영어/수학/과학/사회)		
실수 유형(간단히 정리)	앞으로 실수를 어떻게 줄일 수 있을까?	반복 횟수
ex) 확률 문제를 식으로만 접근함	확률 문제는 제대로 이해하느냐가 정오답을 결정하므로, 초반에 직접 몇 개 예시를 통해 제대로 이해하자.	### /

수능 성공 7단계 법칙

√ '수능 당일 파이널 실수 노트' Tip

1. 수능 당일에는 개념서와 문제집을 보는 것보다, 한 해 동안 반복해서 틀렸던 실수 유형을 점검하는 것이 효과적입니다

2. 효율적인 노력은 결코 당신을 배신하지 않습니다. 수능에서 좋은 결과가 있기를 진심으로 응원합니다.

수능 당일 확인하는 파이널 실수노트	
과목 체크(국어/영어/수학/과학/사회)	
실수 유형(간단히 정리)	앞으로 실수를 어떻게 줄일 수 있을까?

나만의 실수 노트(올해 수능 주인공: _____)		
과목 체크(국어/영어/수학/과학/사회)		
실수 유형(간단히 정리)	앞으로 실수를 어떻게 줄일 수 있을까?	반복 횟수

수능 성공 7단계 법칙

나만의 실수 노트(올해 수능 주인공: _____)		
과목 체크(국어/영어/수학/과학/사회)		
실수 유형(간단히 정리)	앞으로 실수를 어떻게 줄일 수 있을까?	반복 횟수

나만의 실수 노트(올해 수능 주인공: _____)		
과목 체크(국어/영어/수학/과학/사회)		
실수 유형(간단히 정리)	앞으로 실수를 어떻게 줄일 수 있을까?	반복 횟수

수능 성공 7단계 법칙

나만의 실수 노트(올해 수능 주인공: _____)		
과목 체크(국어/영어/수학/과학/사회)		
실수 유형(간단히 정리)	앞으로 실수를 어떻게 줄일 수 있을까?	반복 횟수

부록

나만의 실수 노트(올해 수능 주인공: _____)		
과목 체크(국어/영어/수학/과학/사회)		
실수 유형(간단히 정리)	앞으로 실수를 어떻게 줄일 수 있을까?	반복 횟수

나만의 실수 노트(올해 수능 주인공: _____)		
과목 체크(국어/영어/수학/과학/사회)		
실수 유형(간단히 정리)	앞으로 실수를 어떻게 줄일 수 있을까?	반복 횟수

수능 당일 확인하는 파이널 실수노트	
과목 체크(국어 / 영어 / 수학 / 과학 / 사회)	
실수 유형(간단히 정리)	앞으로 실수를 어떻게 줄일 수 있을까?

수능 성공 7단계 법칙

수능 당일 확인하는 파이널 실수노트	
과목 체크(국어/영어/수학/과학/사회)	
실수 유형(간단히 정리)	앞으로 실수를 어떻게 줄일 수 있을까?

수능 당일 확인하는 파이널 실수노트	
과목 체크(국어/영어/수학/과학/사회)	
실수 유형(간단히 정리)	앞으로 실수를 어떻게 줄일 수 있을까?

수능 성공 7단계 법칙

수능 당일 확인하는 파이널 실수노트	
과목 체크(국어/영어/수학/과학/사회)	
실수 유형(간단히 정리)	앞으로 실수를 어떻게 줄일 수 있을까?

상위 0.01% 연세대 의대 합격자가 전하는
수능 성공 7단계 법칙

초판 1쇄 인쇄 | 2025년 2월 3일
초판 1쇄 발행 | 2025년 2월 14일

지은이　　　 | 김성진
펴낸이　　　 | 전준석
펴낸곳　　　 | 시크릿하우스
주소　　　　 | 서울특별시 마포구 독막로3길 51, 402호
대표전화　　 | 02-6339-0117
팩스　　　　 | 02-304-9122
이메일　　　 | secret@jstone.biz
블로그　　　 | blog.naver.com/jstone2018
페이스북　　 | @secrethouse2018
인스타그램 | @secrethouse_book
출판등록　　 | 2018년 10월 1일 제2019-000001호

ⓒ 김성진, 2025

ISBN 979-11-94522-02-7 13370